Clima Organizacional
e Qualidade de Vida no Trabalho

O GEN | Grupo Editorial Nacional – maior plataforma editorial brasileira no segmento científico, técnico e profissional – publica conteúdos nas áreas de ciências sociais aplicadas, exatas, humanas, jurídicas e da saúde, além de prover serviços direcionados à educação continuada e à preparação para concursos.

As editoras que integram o GEN, das mais respeitadas no mercado editorial, construíram catálogos inigualáveis, com obras decisivas para a formação acadêmica e o aperfeiçoamento de várias gerações de profissionais e estudantes, tendo se tornado sinônimo de qualidade e seriedade.

A missão do GEN e dos núcleos de conteúdo que o compõem é prover a melhor informação científica e distribuí-la de maneira flexível e conveniente, a preços justos, gerando benefícios e servindo a autores, docentes, livreiros, funcionários, colaboradores e acionistas.

Nosso comportamento ético incondicional e nossa responsabilidade social e ambiental são reforçados pela natureza educacional de nossa atividade e dão sustentabilidade ao crescimento contínuo e à rentabilidade do grupo.

Organização: Andrea Ramal

Clima Organizacional
e Qualidade de Vida no Trabalho

Patricia Itala Ferreira

gen | LTC

A autora e a editora empenharam-se para citar adequadamente e dar o devido crédito a todos os detentores dos direitos autorais de qualquer material utilizado neste livro, dispondo-se a possíveis acertos caso, inadvertidamente, a identificação de algum deles tenha sido omitida.

Não é responsabilidade da editora nem da autora a ocorrência de eventuais perdas ou danos a pessoas ou bens que tenham origem no uso desta publicação.

Apesar dos melhores esforços da autora, do editor e dos revisores, é inevitável que surjam erros no texto. Assim, são bem-vindas as comunicações de usuários sobre correções ou sugestões referentes ao conteúdo ou ao nível pedagógico que auxiliem o aprimoramento de edições futuras. Os comentários dos leitores podem ser encaminhados à **LTC – Livros Técnicos e Científicos Editora** pelo e-mail ltc@grupogen.com.br.

Direitos exclusivos para a língua portuguesa
Copyright © 2013 by
LTC – Livros Técnicos e Científicos Editora Ltda.
Uma editora integrante do GEN | Grupo Editorial Nacional

Reservados todos os direitos. É proibida a duplicação ou reprodução deste volume, no todo ou em parte, sob quaisquer formas ou por quaisquer meios (eletrônico, mecânico, gravação, fotocópia, distribuição na internet ou outros), sem permissão expressa da editora.

Travessa do Ouvidor, 11
Rio de Janeiro, RJ – CEP 20040-040
Tels.: 21-3543-0770 / 11-5080-0770
Fax: 21-3543-0896
ltc@grupogen.com.br
www.grupogen.com.br

Capa: Leônidas Leite
Imagem: Joggi2002 | Dreamstime.com
Editoração Eletrônica: Máquina Voadora DG

CIP-BRASIL. CATALOGAÇÃO-NA-FONTE
SINDICATO NACIONAL DOS EDITORES DE LIVROS, RJ

F443c

Ferreira, Patricia Itala
Clima organizacional e qualidade de vida no trabalho / Patricia Itala Ferreira ; organização Andrea Ramal. - [Reimpr.]. - Rio de Janeiro : LTC, 2017.
il. ; 23 cm   (MBA Gestão de Pessoas)

Inclui bibliografia e índice
ISBN 978-85-216-2175-1

1. Administração de pessoal 2. Recursos humanos 3. Motivação no trabalho 4. Qualidade de vida no trabalho. I. Ramal, Andrea II. Título. III. Série.

13-0003.   CDD: 658.3
                                   CDU: 005.95/.96

Apresentação da série

A gestão de pessoas vem se mostrando cada vez mais decisiva para que as empresas possam realizar as estratégias de negócio de um modo eficaz, destacando-se num mercado altamente competitivo.

Isso ocorre porque as organizações atuam num contexto com características peculiares: enorme velocidade na geração e circulação de informações, tecnologias a cada dia mais avançadas e, ao mesmo tempo, o esgotamento do modelo clássico de produção, rumo ao conceito de sustentabilidade, que supõe um novo modo de viver, produzir e trabalhar, que atenda às necessidades das gerações atuais, sem comprometer a qualidade de vida das gerações futuras.

O conhecimento – mais do que terra, capital ou trabalho – vem se tornando o fator-chave da produção e da geração de riqueza. E como conhecimento está nas pessoas, é delas que a organização precisa saber cuidar. É assim que se situa hoje, nesse cenário, a gestão de pessoas.

A gestão de pessoas inicia com a atração e seleção de talentos, após os objetivos estratégicos do negócio terem sido estabelecidos. O desafio, nesse momento, é descobrir os melhores talentos, seja no mercado ou até mesmo na própria organização, e atraí-los, evitando perdê-los para a concorrência.

O primeiro passo é identificar o perfil mais adequado à empresa, tanto em termos de comportamento como de conhecimento. Diversas são as técnicas que podem ser utilizadas para atrair e selecionar pessoas, e a utilização de redes sociais, bem como a análise das diversas gerações que coexistem no mercado de trabalho hoje em dia, é fator-chave de sucesso nesse processo.

Depois de atraídas, as pessoas precisam querer ficar na organização. Isso requer a montagem de mapas de carreira, avaliações de desempenho e alternativas criativas de remuneração, a fim de que as pessoas sejam recompensadas considerando sua contribuição real para o resultado do negócio.

Além disso, é de fundamental importância garantir que a legislação trabalhista e os acordos coletivos sejam conhecidos e respeitados.

Muitas vezes, para atrair bons profissionais, a remuneração não é tudo. As pesquisas mostram que cresce a quantidade de pessoas que busca, no exercício da profissão, outros benefícios associados a diversos aspectos tais como qualidade de vida, possibilidades de aprendizagem ou de ascensão em pouco tempo.

Assim, tão importantes quanto os processos de recrutamento e seleção, são aqueles relacionados a carreira e sucessão, remuneração, motivação, qualidade de vida, clima organizacional, desenvolvimento e liderança.

Um desafio a mais é o da escassez de pessoas qualificadas. Se por um lado as pessoas são tão importantes e decisivas, elas chegam à empresa muitas vezes sem a formação específica necessária para projetos altamente customizados, vinculados ao conhecimento crítico de cada organização.

Também, o modelo de desenvolvimento sustentável requer outro tipo de profissional que, tanto quanto a capacidade técnica, precisa ter valores e comportamentos condizentes com o contexto contemporâneo. Ele trabalhará em empresas que precisam cumprir as metas da produção, mas ao mesmo tempo reduzir os resíduos tóxicos, usar tecnologias limpas, reciclar materiais, ser empresas "de baixo carbono".

Por isso, faz parte da gestão de pessoas todo o processo de desenvolvimento de profissionais, a fim de, por um lado, muni-los das competências necessárias para implementar adequadamente as estratégias do negócio e, por outro, prepará-los para as possíveis oportunidades de sucessão em postos de liderança ou ainda para um crescimento na carreira em Y, opção cada dia mais comum em empresas altamente especializadas.

Esta série trata dos fatores-chave para gerenciar as pessoas na organização de hoje, em livros com uma linguagem acessível, exemplos e casos práticos que visam associar teoria e prática de forma a instrumentalizar o leitor a aplicar os conceitos apresentados em suas atividades diárias.

Profª Andrea Ramal
Doutora em Educação pela PUC-Rio

Dedicatória

*A*os meus pais: origem de tudo;

Ao meu irmão: sempre presente, desde meu nascimento;

Aos queridos Pitty e Mila: sempre ao meu lado, companheiros de todas as horas;

Ao Dionisio Dias Carneiro (*in memoriam*): por ter acreditado em mim quando eu ainda era muito jovem e inexperiente;

Aos amigos: por estarem sempre ao meu lado, apoiando e incentivando nos momentos mais difíceis;

Aos colegas de trabalho, clientes e fornecedores: o que ensino hoje é parte do que aprendi com a convivência com todos;

Aos alunos: fonte constante de desafio e aprendizado.

Agradecimento

A gradeço a Andrea Ramal pelo convite para participar como uma das autoras da Série MBA em Gestão de Pessoas, em especial deste livro, cujo conteúdo é de grande importância para todos os profissionais que atuam com gestão de pessoas.

Prefácio

*E*ste livro é composto por sete capítulos, que mesclam teoria e prática sobre três assuntos muito importantes no âmbito das organizações: motivação, clima organizacional e qualidade de vida no trabalho. O planejamento instrucional do livro visa possibilitar que o leitor entenda a teoria e suas aplicações e seja capaz de adaptar a teoria à sua prática de trabalho. Antes de ser uma revisão bibliográfica exaustiva sobre os temas tratados, objetivou fornecer subsídios para a compreensão e aplicação prática dos principais conceitos e ferramentas aqui abordados.

O Capítulo 1, **Contextualização**, apresenta a importância do clima organizacional e da qualidade de vida no trabalho, destacando a importância dos líderes na gestão das pessoas. Em um mundo em que a mobilidade dos trabalhadores é uma constante, conhecer o clima da organização e implementar medidas para a melhoria da qualidade de vida pode ser uma vantagem competitiva para muitas organizações. Gerenciar o Clima Organizacional e investir na Qualidade do Trabalho podem ser excelentes ferramentas, tanto para a atração como para a retenção de talentos.

No Capítulo 2, **Motivação**, são apresentados alguns conceitos sobre o tema, bem como as principais teorias sobre o assunto. São dadas algumas sugestões de como o ambiente de trabalho pode estimular a motivação dos trabalhadores, o que contribuiu, por sua vez, positivamente, para a criação e manutenção de um bom Clima Organizacional.

O Capítulo 3, **Clima Organizacional**, apresenta os principais conceitos relacionados ao clima organizacional, conceitua cultura organizacional e indica as principais diferenças entre esses dois termos. Identifica e detalha os principais indicadores de clima organizacional (rotatividade, absenteísmo, índice de greves, quantidade de depredações, entre outros) que devem ser acompanhados para possibilitar uma gestão proativa, visando haver maior satisfação com o trabalho e melhor clima organizacional.

No Capítulo 4, **Pesquisa de Clima Organizacional**, são apresentadas as etapas que devem ser seguidas, não necessariamente de forma linear, para maximizar as chances de realizar uma aferição adequada do clima. As fases detalhadas nesse capítulo são: obtenção da aprovação e do apoio da direção, planejamento da pesquisa, definição das variáveis a serem pesquisadas, montagem e validação dos questionários de pesquisa, parametrização para tabulação das opções de respostas, divulgação/comunicação sobre a pesquisa, tabulação e emissão de relatórios, divulgação de resultados e definição dos planos de ação. São ainda apresentados os principais instrumentos utilizados na pesquisa de clima: questionário, entrevista e painel de debates.

O Capítulo 5, **Qualidade de Vida no Trabalho**, apresenta os principais conceitos sobre Qualidade de Vida no Trabalho, explicando como surgiu e como, gradativamente, ganhou importância o estudo desse tema. Indica ainda alguns programas de qualidade que têm sido implantados pelas organizações e aborda um tema cada vez mais recorrente, o estresse ocupacional.

No Capítulo 6, **Modelos da Qualidade de Vida no Trabalho**, são apresentados os quatro principais modelos para o estudo e compreensão da qualidade de vida no trabalho.

No último capítulo, Capítulo 7, **A Chave para Atrair e Reter Talentos**, são tecidos alguns comentários gerais sobre os assuntos apresentados nas unidades anteriores e reforça-se a ideia de que a gestão do clima organizacional e da qualidade de vida no trabalho são fatores que impactam positivamente na atração e retenção de talentos.

A fim de permitir ao leitor a articulação da teoria à prática, ao longo dos capítulos você encontrará exercícios, que podem ser divididos em quatro categorias, a seguir.

- **Estudo de Caso**: relata a história de Paula, profissional de Recursos Humanos que, ao ingressar em uma nova empresa, a Alfa Limitada, percebe oportunidades de melhoria em relação ao clima da organização e à qualidade de vida ali encontrados e desenha um plano de trabalho com foco em tais melhorias. Apresenta as informações que Paula vai descobrindo sobre a empresa Alfa ao longo das primeiras semanas de trabalho e convida o leitor a ajudar nossa personagem na realização de tarefas que possibilitarão a implantação de atividades e processos ligados ao gerenciamento do clima organizacional e de programas de qualidade de vida.

- **Exercícios de Aplicação**: são exercícios distribuídos ao longo dos capítulos que permitem que o leitor aplique os conhecimentos dos capítulos à sua prática de trabalho atual. Caso o leitor não trabalhe, deve procurar identificar essas informações junto a familiares, amigos ou revistas especializadas.

- **Teste Seu Conhecimento**: são exercícios de fixação disponibilizados ao leitor ao final dos capítulos para ajudá-lo na interiorização dos conceitos apresentados. As respostas dos exercícios de fixação seguem ao final do livro.
- **Para Pensar**: são questionamentos e reflexões para pensar ou repensar práticas vivenciadas ou observadas pelo leitor.

Ao longo dos capítulos existem também as seções **Vale Saber**, às quais são agregadas informações interessantes, curiosidades, exemplos ou atualidades relacionadas aos temas tratados ao longo dos capítulos.

O leitor conta ainda com os **Resumos Executivos** ao final de cada unidade para auxiliar na fixação dos principais conteúdos abordados.

Ao final da obra o leitor encontrará a **Bibliografia**, na qual poderá identificar obras correlatas aos temas desenvolvidos neste livro, e também **Apêndices**, que contêm um modelo de entrevista de desligamento e um formulário de pesquisa de clima, bem como as respostas dos exercícios de fixação (**Teste Seu Conhecimento**) que seguem ao final dos capítulos.

A Autora

Sumário

Apresentação da série v

Dedicatória vii

Agradecimento viii

Prefácio ix

Capítulo 1 – Contextualização 1

Capítulo 2 – Motivação 11

Teorias de conteúdo da motivação 17

Hierarquia das necessidades de Maslow 17

Teoria ERC (Existência, Relacionamento, Crescimento)

de Clayton Alderfer 21

Teoria das necessidades de McClelland 22

Teoria dos dois fatores da motivação de Herzberg 24

Teorias de conteúdo e as críticas recebidas 27

Teorias de processo da motivação 28

Teoria das expectativas 29

Teoria da equidade 31

Teoria do estabelecimento de objetivos 33

Teorias de processo e críticas recebidas 35

Administrando a motivação das pessoas 36

Capítulo 3 – Clima Organizacional 45

Clima e cultura organizacional 51

Indicadores de clima organizacional 56

Capítulo 4 – Pesquisa de Clima Organizacional 69

Etapas da pesquisa de clima 72

Obtenção da aprovação e do apoio da direção 74

Planejamento da pesquisa 74

Definição das variáveis a serem pesquisadas 80

Montagem e validação dos questionários de pesquisa 82

Parametrização para tabulação das opções de respostas ... 89

Divulgação/comunicação sobre a pesquisa 90

Aplicação da pesquisa (coleta de dados) 93

Tabulação e emissão de relatórios 94

Divulgação de resultados 98

Definição dos planos de ação 99

Capítulo 5 – Qualidade de Vida no Trabalho 107

Histórico e conceitos 110

Entendendo o estresse 117

Programas de qualidade de vida no trabalho 123

Capítulo 6 – Modelos da Qualidade de Vida no Trabalho 135

Modelo de Emery e Trist 137

Modelo de Walton 139

Modelo de Hackman e Oldham 141

Modelo de Westley 144

Modelo de Werther e Davis 145

Capítulo 7 – A Chave para Atrair e Reter Talentos 151

Apêndice A – Formulário para Entrevista de Desligamento .. 161

Apêndice B – Formulário para Pesquisa de Clima 167

Questões de qualificação 169

Questões gerais 169

Questões setoriais/departamentais 172

Apêndice C – Teste Seu Conhecimento – Respostas 175

Bibliografia 189

Índice 195

Capítulo 1

Contextualização

É possível observar a mudança na visão de muitas empresas a respeito de seus funcionários. O próprio papel da área de Recursos Humanos (RH) ou de Gestão de Pessoas (GP) tem mudado e as atividades conquistam cada vez mais importância e relevância na estrutura das organizações. Há poucas décadas, as atividades de gestão de pessoas limitavam-se à mediação das relações industriais – uma visão burocratizada, contemporânea da Revolução Industrial, que encontrou seu auge na década de 1950. Ao longo do tempo, contudo, esse cenário foi sendo modificado.

A denominação "área de Recursos Humanos" guarda relação com uma época de "mão de obra" abundante, em que capital, máquinas, instalações e pessoas eram considerados meros recursos produtivos. Se uma máquina quebrasse, era só trocar; se uma pessoa se machucasse no desempenho das atividades ou pedisse demissão, por exemplo, a troca era igualmente fácil. A mão de obra era apenas mais um recurso, não era necessário haver seres pensantes, apenas a "mão" do trabalhador, a força de trabalho.

Houve também a época em que a área de Gestão de Pessoas era conhecida como DP, Departamento de Pessoal ou Distrito Policial, como costumavam "brincar" com a sigla. Foi um período em que as atividades do departamento se limitavam ao cumprimento da legislação trabalhista e a realização de controles diversos, tais como folhas de ponto e de pagamento, férias, entre outros.

Ao longo dos anos, contudo, a área de Gestão de Pessoas foi amadurecendo e ganhando importância na estrutura das empresas. Cada vez mais a ideia de que a responsabilidade pela gestão de pessoas é uma atividade de linha e uma função de *staff* foi conquistando espaço no cenário organizacional. Mas, o que isso quer dizer? Significa que a área de Gestão de Pessoas pode oferecer os instrumentos e as políticas mais adequadas para a administração das pessoas, mas, em última instância, cabe ao gestor a responsabilidade pela administração de seu efetivo. Em outras palavras, pode-se dizer que o gestor participa (ou deveria participar) intensamente de atividades como: recrutamento, seleção, integração, administração do ambiente de trabalho e clima organizacional, avaliação de desempenho, aumentos salariais, dentre outras. A participação ativa da liderança é de fundamental importância na gestão de sua equipe e deve ocorrer em conformidade com as orientações e padrões estabelecidos pela área de Gestão de Pessoas para que haja um mínimo de uniformidade na forma de gerenciar as pessoas.

As empresas, compreendendo a importância das lideranças como parceiras na gestão de pessoas, têm cada vez mais investido em programas de capacitação específicos para esse público. Em uma época em que o "capital intelectual" é escasso, o papel do líder na atração e retenção de talentos merece destaque e atenção, pois a forma de gestão impacta na motivação dos empregados, no clima organizacional e na qualidade de vida no trabalho.

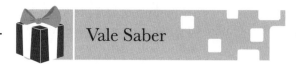

Em maio de 2012, foram divulgados os resultados de uma pesquisa que contou com a participação de 10 mil profissionais de diferentes setores e gerações, e que teve como base o *Employment Value Proposition* (EVP), conjunto de atributos percebidos como atrativos para trabalhar em uma organização. Um dos resultados mais interessantes desse estudo foi apontar que um fator de atração e retenção de talentos, mais importante até que o salário, é o reconhecimento pelo trabalho. Para os responsáveis pela pesquisa, esse atributo reforça a necessidade de haver uma liderança de qualidade, hábil na gestão de pessoas e na condução de equipes. Para saber mais sobre esse estudo, acesse:
<http://www.abrhnacional.org.br/noticias/834-estudo-mostra-atributos-escolhidos-pelos-profissionais-na-hora-de-decidir-onde-trabalhar.html>. Acesso em: jun. 2012.

Hoje, cada vez mais encontramos as áreas de Gestão de Pessoas atuando de forma estratégica, como "parceiras do negócio". Muitos são os termos que têm sido utilizados para nomear o departamento que possui esse novo foco de atuação, tais como administração de pessoas, administração com as pessoas, gestão de talentos, gestão de gente e desenvolvimento humano. É uma abordagem que valoriza as pessoas como capital intelectual, como o patrimônio da organização.

Vale Saber

Você sabe o que significa o termo "capital intelectual"? A leitura de livros e artigos de Karl Erik Sveiby é sugerida, caso queira conhecer mais sobre o assunto.

Nesse novo contexto, as pessoas passam a ser percebidas como parceiras das organizações. São as fornecedoras de conhecimentos, habilidades, capacidades e, sobretudo, de inteligência, que proporciona decisões racionais e possibilita o atingimento dos objetivos estratégicos do negócio. Atrair e reter talentos e o capital intelectual que vem com elas tornaram-se prioridades para muitas empresas.

Nesse cenário, proporcionar um bom ambiente de trabalho passa a ser de extrema importância, considerando tanto os aspectos físicos (equipamentos e condições de trabalho apropriados, saúde e segurança para o adequado desenvolvimento das atividades, por exemplo) como psicológicos (bom relacionamento interpessoal, percepção de segurança/estabilidade no emprego para aqueles com bom desempenho, possibilidade de crescimento profissional e aprendizado, reconhecimento pelo bom trabalho, entre outros). Assim sendo, temas como motivação, clima organizacional, qualidade de vida no trabalho, atração e retenção de talentos tornam-se prioridades para empresas e áreas de Gestão de Pessoas que precisam conhecer esses conceitos, implantar e administrar práticas a eles relacionadas.

Vale Saber

A empresa Great Place to Work conduz pesquisas sobre ambiente de trabalho, satisfação do trabalhador, motivação e qualidade de vida no trabalho. Vale a pena assistir uma entrevista sobre o assunto disponibilizada em: <http://www.greatplacetowork.com.br/publicacoes-e-eventos/blogs-e-noticias/662-qualidade-no-ambiente-de-trabalho>. Acesso em: jun. 2012.

Em um momento em que as pessoas são consideradas cada vez mais valiosas e estratégicas para as organizações, é possível perceber uma atenção crescente a incidentes da dinâmica organizacional que, em outros momentos, passavam até despercebidos ou não mereciam a devida atenção. Um exemplo que pode ser citado, e que reforça a atualidade e a importância do clima organizacional e da qualidade de vida no trabalho, é a lei de assédio moral, aprovada pela Assembleia Legislativa do Estado do Rio de Janeiro, que pune, com advertência e demissão, o servidor estadual que causar constrangimento e humilhação aos colegas de trabalho ou subordinados. É uma lei específica para tratar o assédio moral, tido como uma forma de perseguição, humilhação e agressão psíquica provocada, por exemplo, por gestores, que impõem aos seus subordinados um estilo de gestão pelo medo. Esse tipo de assédio tem atingido muitos empregados, gerando ansiedade, desânimo, insônia, baixa autoestima, depressão, entre outros problemas. Quando praticado por gestores e direcionada a subordinados, pode causar sofrimento e silêncio do "agredido", que opta por se calar devido ao medo de perder o emprego. É o também chamado *bullying* corporativo.

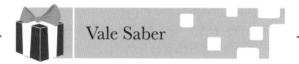

Bullying é qualquer tipo de abuso contínuo, físico ou verbal, com a intenção de ferir, quando há um desequilíbrio de poder entre as partes. Pode ser direto, com a realização de ameaças, práticas de surrar ou roubo de pertences, ou indireto, com ações como fofocas ou isolamento social de um colega.

Atitude muitas vezes velada e de difícil comprovação, o assédio moral compromete a saúde física e psíquica dos integrantes de uma organização, e é papel da área de Gestão de Pessoas e da Alta Administração da empresa não permitir que esse tipo de sofrimento seja impingido aos empregados da organização.

Quando as pessoas são consideradas um importante ativo da empresa, não há espaço para o assédio moral, muito pelo contrário: é importante monitorar frequentemente o ambiente de trabalho e o nível de satisfação dos empregados a fim de identificar, acompanhar e corrigir eventuais problemas. Com o intuito de atrair e reter talentos, muitas empresas investem em conhecer melhor seu clima interno, verificar pontos fortes e de melhoria e realizar investimentos para se tornar um lugar melhor para se trabalhar. Para que isso possa ser feito é importante entendermos um pouco mais sobre motivação, sobre os fatores que podem vir a estimular as pessoas no atingimento tanto de seus objetivos pessoais como dos organizacionais.

ESTUDO DE CASO

Paula acabou de ser contratada para coordenar a área de Gestão de Pessoas (GP) de uma empresa com atuação no segmento de indústria, a Alfa Limitada. Logo que chegou, foi surpreendida por um ambiente de trabalho "pesado", com muitas fofocas e poucas interações positivas entre as pessoas. Percebeu também que muitos empregados utilizavam o horário de almoço para procurar outras oportunidades de emprego: a insatisfação com a empresa era quase visível. Paula encontrou também os resultados da última pesquisa de clima da empresa e alguns itens chamaram sua atenção:
- data da última pesquisa de clima: 5 anos;
- percentual de participação na pesquisa: 30%;
- percentual de satisfação com a empresa: 50%.

Os resultados da última pesquisa de clima reforçaram sua percepção de que algo não estava indo bem na Alfa. Resolveu, então, que três grandes temas seriam o foco inicial de sua atuação na empresa: motivação, clima organizacional e qualidade de vida no trabalho. Vamos acompanhá-la em sua jornada para melhor compreender o cenário da Alfa Limitada?

Resumo Executivo

- Em um mundo globalizado, onde os conhecimentos, habilidades e atitudes das pessoas tornam-se o grande diferencial competitivo, o foco das áreas de gestão de pessoas deve ser na atração e retenção de talentos.

- A administração das pessoas é um importante papel do gestor, que precisa ser capacitado a atuar também como um gestor de pessoas.

- Os líderes podem impactar positiva ou negativamente na atração e retenção de talentos, bem como no clima organizacional.

- É cada vez mais necessária a atuação da área de Gestão de Pessoas como um parceiro estratégico do negócio, se distanciando do papel de área eminentemente operacional.

- A necessidade de haver um bom ambiente de trabalho, tanto em termos físicos como psicológicos, é muito importante para atrair e reter talentos.

- Nos últimos anos, houve uma crescente importância de elementos da dinâmica organizacional que antes eram desconsiderados, como o assédio moral.

- Um importante papel da Alta Administração e da área de Gestão de Pessoas é não permitir relações de poder que utilizem o *bullying* como forma de gestão.

Teste Seu Conhecimento

Vamos verificar o que aprendeu e fixar alguns dos conceitos mais importantes apresentados até aqui?

Caso a pergunta se refira à experiência profissional e você não a tenha, converse com amigos e familiares sobre o assunto, pesquise em revistas especializadas ou então apresente seu ponto de vista tendo como base o conteúdo aprendido neste capítulo.

Algumas sugestões de resposta seguem ao final do livro.

1. Era comum, no passado, a área de Gestão de Pessoas ser conhecida como DP, Departamento Policial ou Distrito Policial. O que pode ser compreendido dessa afirmação?
2. Muitas áreas de Gestão de Pessoas atuam de forma estratégica, como "parceiras do negócio". O que isso quer dizer?
3. Administrar as pessoas é uma atividade de linha e uma função de *staff*. Você concorda com essa afirmação? Dê exemplos.
4. A liderança possui um importante papel na atração e retenção de talentos? Explique.
5. O que se entende por assédio moral e qual seu impacto no clima organizacional?

Capítulo 2

Motivação

ESTUDO DE CASO

Paula sabe que o clima organizacional é decorrente das percepções dos empregados sobre a empresa. Sabe ainda que a motivação dos empregados impacta, de forma significativa, o clima. Começou, então, a se fazer uma série de questionamentos: existe uma fórmula "mágica" para motivar todos os empregados? É possível motivar alguém?

Com esses questionamentos em mente, Paula resolveu estudar um pouco mais a fundo o tema motivação, que impacta muitas das atividades de gestão de pessoas. Vamos acompanhá-la nesse estudo.

Não é possível compreender as relações com e entre as pessoas sem o mínimo conhecimento sobre a motivação de seu comportamento. O conceito de motivação tem sido utilizado com diferentes sentidos, mas aqui adotaremos o estabelecido por Vergara (2000), segundo o qual a motivação é intrínseca, ou seja, ninguém motiva ninguém. É a própria pessoa que se motiva ou não. Tudo o que os de fora podem fazer é estimular, incentivar, provocar a motivação. A diferença entre motivação e estímulo é que a primeira está dentro de nós e o segundo, fora.

A motivação é o resultado da interação entre a pessoa e a situação. O mesmo indivíduo pode ter diferentes níveis de motivação que variam ao longo do tempo, ou seja, pode estar mais motivado em um momento e menos em outra ocasião.

Uma situação que exemplifica essa característica da motivação é a nossa motivação para comer um sanduíche. Pensemos em duas situações, ilustradas pela figura que segue.

Motivação e estímulo: exemplo

- Situação 1: é início da noite (umas 20h) e o empregado – Felipe – ainda no trabalho. Na sala de reunião em que Felipe está entra um colega que traz consigo um hambúrguer. Imediatamente a visão do hambúrguer e seu cheiro (estímulos) despertam a fome de Felipe.
- Situação 2: acabou de ocorrer a festa de final de ano da empresa, um grande churrasco, com comida farta. O mesmo empregado da situação 1, Felipe, em seu retorno para casa após a festa, em torno das 20h, passa no curso de idiomas de seu filho para buscá-lo. O rapaz entra no carro do pai comendo um hambúrguer. Felipe, ao sentir o cheiro da comida, fica até nauseado, pois comeu tanto na festa da empresa que não consegue, sequer, pensar em comida.

A forma como Felipe reage ao mesmo estímulo – o hambúrguer – ilustra que o grande desafio para as empresas não é deixar os funcionários motivados, mas sim mantê-los motivados, pois existem variações no mesmo indivíduo em função da situação e do tempo, muitas vezes até em relação a um mesmo estímulo. Observe que o mesmo hambúrguer pode provocar, na mesma pessoa, em momentos diferentes, fome ou aversão. Dessa forma, podemos entender que não existem fórmulas mágicas capazes de motivar todo mundo o tempo todo. Cabe à empresa conhecer seus empregados para identificar os estímulos mais prováveis de desencadear a motivação, o que deve ser feito de forma constante e avaliado periodicamente.

As pessoas são diferentes no que tange à motivação: as necessidades variam de indivíduo para indivíduo, produzindo diferentes padrões de comportamento; os valores sociais também são diferentes; as capacidades para atingir os objetivos são igualmente diferentes; e assim por diante. As necessidades e os valores sociais também variam no mesmo indivíduo ao longo do tempo, como já exemplificado.

As necessidades ou motivos não são estáticos, são forças dinâmicas e persistentes que provocam comportamentos. Com a aprendizagem e a repetição, os comportamentos tornam-se gradativamente mais eficazes na satisfação de certas necessidades. Por outro lado, uma necessidade satisfeita não é motivadora de comportamento, já que não causa mais tensão ou desconforto.

Uma necessidade pode ser satisfeita, frustrada ou compensada (transferida para outro objeto). No ciclo motivacional, muitas vezes a tensão provocada pelo surgimento da necessidade encontra uma barreira ou um obstáculo para sua liberação. Não encontrando saída normal, a tensão represada no organismo procura um meio indireto de saída, seja por via psicológica (agressividade, descontentamento, tensão emocional, apatia, indiferença etc.), seja por via fisiológica (tensão nervosa, insônia, repercussões cardíacas ou digestivas etc.).

É possível ainda que, em algumas situações, a necessidade não seja satisfeita nem frustrada, mas transferida ou compensada. Isso se dá quando a satisfação de outra necessidade reduz a intensidade de uma necessidade que não pode ser satisfeita. É o que acontece quando o motivo de uma promoção para um cargo superior é contornado por um bom aumento de salário ou por uma nova sala de trabalho.

A satisfação de algumas necessidades é temporal, ou seja, a motivação humana é cíclica e orientada pelas diferentes necessidades, sejam fisiológicas, psicológicas ou sociais. O comportamento é quase um processo de resolução de problemas, de satisfação de necessidades, cujas causas podem ser específicas ou genéricas. A próxima figura representa o ciclo motivacional.

A motivação não é um produto acabado. Pode ser compreendida como uma força, energia, que impulsiona na direção de alguma coisa. É algo intrínseco, isto é, nasce das necessidades interiores de cada um.

As empresas que entendem as situações de cada grupo de empregados, que identificam os estímulos que motivam uns e não motivam outros, estão mais evoluídas do que as que não o fazem. Compreender as diferenças entre as pessoas é ponto primordial para chegar ao equilíbrio entre a produtividade e a satisfação.

Ciclo motivacional

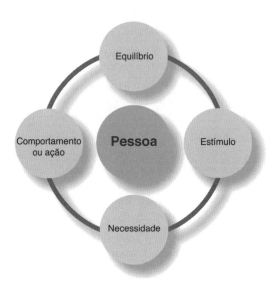

Algumas empresas, já percebendo que seus empregados são diferentes, ou seja, que possuem necessidades diferentes, adotaram ou estudam a adoção do pacote de benefícios flexíveis. Trata-se de um programa de escolha de benefícios que permite ao empregado escolher, em conformidade com critérios estabelecidos, considerando um "pacote", previamente definido, os benefícios que mais se encaixam ao seu perfil e ao seu momento de vida. Para conhecer mais sobre o assunto, acesse: <http://www.watsonwyatt.com/render.asp?catid=1&id=21960>. Acesso em: jun. 2012.

O tema motivação é fascinante e recorrente em várias áreas do conhecimento. Existem várias teorias sobre motivação, que podem ser classificadas em dois grandes grupos: as de conteúdo e as de processo, que serão vistas em detalhes a seguir.

Motivação   17

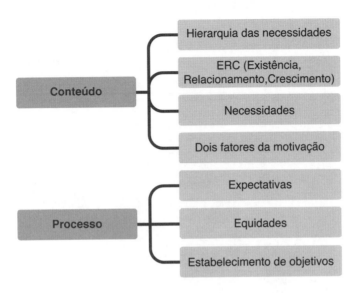

◉ Teorias de conteúdo da motivação

No grupo das teorias de conteúdo estão aquelas que tratam do conteúdo daquilo que, efetivamente, motiva as pessoas. São ditas estáticas por observarem apenas alguns pontos no tempo, sendo orientadas para o passado ou para o presente. Não oferecem condições de previsão da motivação ou comportamento, mas proporcionam uma compreensão básica sobre o que estimula os indivíduos. Alguns teóricos que contribuíram com as teorias de conteúdo foram: Maslow, Alderfer, McClelland e Herzberg. A seguir vamos conhecer melhor o trabalho desses autores.

◤ Hierarquia das necessidades de Maslow

A hierarquia das necessidades de Maslow considera que as necessidades estão organizadas em uma escala de importância e de influenciação do comportamento. Parte da premissa de que a motivação decorre da satisfação de necessidades que podem ser hierarquizadas, isto é, as de nível mais baixo precisam estar satisfeitas para que as de nível superior possam despertar interesse. Na base estão as necessidades mais baixas e recorrentes, enquanto no topo estão as mais sofisticadas e intelectualizadas. Podemos compreender as necessidades tal como estivessem hierarquizadas conforme degraus de uma escada, conforme ilustrado na figura em seguida:

Hierarquia das necessidades (Maslow)

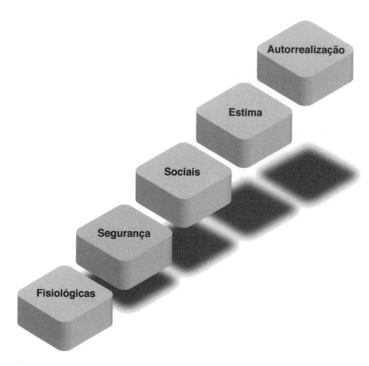

As fisiológicas são as primeiras necessidades que devem ser atendidas. São as necessidades primárias de sobrevivência: ar, água, comida, sono e impulso sexual. São também denominadas biológicas ou básicas e exigem satisfação cíclica e constante para garantir a sobrevivência. No ambiente de trabalho, podem representar itens como horário de trabalho, intervalos de descanso, alimentação, disponibilização de água para consumo, condições adequadas de ventilação do local de trabalho, entre outros.

As necessidades de segurança são aquelas que levam as pessoas a buscar proteção contra qualquer perigo, real ou imaginário, físico ou abstrato. A busca por proteção contra a ameaça ou privação, a fuga ao perigo, o desejo de estabilidade, a busca por um mundo ordenado e previsível são manifestações típicas dessas necessidades. Surgem quando as necessidades fisiológicas estão relativamente satisfeitas. Também estão intimamente relacionadas à sobrevivência da pessoa. Correlacionando com aspectos do trabalho, podem ser representadas por itens tais como remuneração, benefícios e permanência no emprego (segurança, estabilidade).

Já as necessidades sociais ou de participação dizem respeito à vida associativa. Representam necessidades de associação, de participação, de aceitação por parte dos colegas, de amizade, de afeto e amor. Surgem quando as mais baixas (fisiológicas e de segurança) se encontram relativamente satisfeitas. Quando não estão suficientemente satisfeitas, a pessoa pode se tornar resistente, antagônica e hostil com relação às pessoas que a cercam. A frustração dessas necessidades conduz, geralmente, à falta de adaptação social e à solidão.

No âmbito do trabalho, as necessidades sociais podem ser supridas por um bom ambiente de trabalho, que proporcione amizade com os colegas, chefe amigável e interações positivas com clientes, bem como oportunidades de dar e receber *feedback*.

Vale Saber

Você sabe o que é e para que serve o *feedback*?
De forma geral o feedback pode ser compreendido como um retorno que é dado sobre um determinado comportamento ou atitude. Deve servir para ajudar a mudar comportamentos e melhorar desempenho.

As necessidades de estima são aquelas relacionadas à maneira como a pessoa se vê e se avalia. Envolve a autoapreciação, a autoconfiança, a necessidade de aprovação social e de reconhecimento, de *status*, prestígio e consideração. A satisfação dessas necessidades gera sentimentos de autoconfiança, valor, força, prestígio e poder. A frustração das necessidades de estima pode produzir sentimentos de inferioridade, fraqueza, dependência e desamparo, os quais, por sua vez, podem levar ao desânimo ou a atividades compensatórias. Aqui podemos considerar itens como possibilidade de promoção e fornecimento de reconhecimentos diversos (premiações, bonificações, elogios, entre outros).

As necessidades mais elevadas na hierarquia são as de autorrealização, que estão no topo da escada ou da pirâmide. Estimulam as pessoas a realizar o seu potencial, a se desenvolverem continuamente ao longo da vida. Representam o impulso para tornar-se mais do que é e de vir a ser tudo o que pode ser. Aqui podem ser enquadrados estímulos tais como a existência de um trabalho desafiador, a diversidade de tarefas, a autonomia para a realização das atividades e a possibilidade de crescimento.

A figura seguinte resume o que cada necessidade da hierarquia estabelecida por Maslow pode representar no mundo do trabalho.

Necessidades de Maslow aplicadas ao ambiente de trabalho

Fisiológicas	Segurança	Sociais	Estima	Autorrealização
• Horário de trabalho • Intervalos de descanso • Alimentação no local • Água para consumo	• Remuneração • Benefícios • Permanência no emprego	• Bom ambiente de trabalho • Amizade com colegas • Chefe amigável • Interações positivas com clientes • Dar e receber *feedback*	• Fornecimento de reconhecimentos diversos (premiações, bonificações, entre outros)	• Trabalho desafiador • Diversidade de tarefas • Autonomia • Possibilidade de crescimento

Para Pensar

Seu comportamento confirma a hierarquia das necessidades de Maslow? Em outras palavras, você acha que só poderá pensar em autorrealização quando tiver supridas as necessidades mais "baixas" da hierarquia, quais sejam, as fisiológicas, de segurança, sociais e de estima?

Outra teoria de conteúdo bastante conhecida é a ERC (Existência, Relacionamento, Crescimento), que será detalhada a seguir.

◤ Teoria ERC (Existência, Relacionamento, Crescimento) de Clayton Alderfer

A teoria ERC foi desenvolvida pelo psicólogo Clayton Alderfer, que concordava com Maslow na medida em que também considerava que a motivação do trabalhador poderia ser mensurada de acordo com uma hierarquia de necessidades. Entretanto, sua teoria discordava da de Maslow em dois pontos básicos, que serão explicados a seguir.

Segundo Alderfer, as necessidades são divididas em apenas três categorias: existenciais (englobam as necessidades fisiológicas e as de segurança de Maslow), de relacionamento (de relações interpessoais) e de crescimento (de criatividade individual ou de influência produtiva). As três primeiras letras de cada categoria formam a sigla ERC, nomenclatura pela qual a teoria passou a ser conhecida.

Podemos comparar a teoria ERC com a de Maslow conforme apresentado na figura a seguir.

Teoria ERC e hierarquia das necessidades

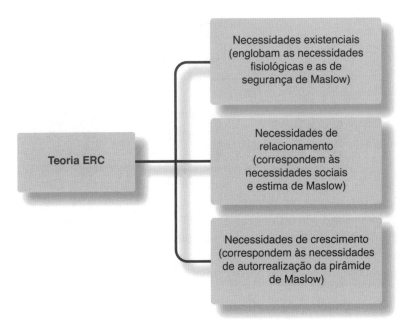

Segundo a teoria ERC, quando as necessidades mais altas são frustradas, as inferiores retornam, mesmo já tendo sido satisfeitas. Para Maslow, contudo, uma necessidade, uma vez satisfeita, perde seu poder de motivar um comportamento. Enquanto Maslow vê as pessoas subindo sempre em sua hierarquia de necessidades, Alderfer vê as pessoas subindo e descendo na hierarquia de necessidades de tempos em tempos e de situação em situação.

Outra teoria muito conhecida é a das necessidades de McClelland, que será vista em seguida.

◥ Teoria das necessidades de McClelland

David McClelland criou a Teoria das Necessidades, que é também muito semelhante à Hierarquia das Necessidades defendida por Maslow. Segundo McClelland, as necessidades são adquiridas socialmente e podem ser divididas em três necessidades básicas: afiliação, poder e realização.

Teoria das necessidades (McClelland)

A intensidade de influência dessas necessidades no comportamento varia situacionalmente. A vivência de cada pessoa é que determinará a tendência dominante em busca da realização de cada uma dessas necessidades. A figura da página seguinte apresenta algumas características dessas necessidades.

Motivação

23

Características das necessidades de afiliação, poder e realização

Necessidade de afiliação	Necessidade de poder	Necessidade de realização
• Atribui mais importância às pessoas que às tarefas • Faz esforços para conquistar amizades e restaurar relações • Procura aprovação dos outros para as suas opiniões e atividades • Procura relações interpessoais fortes	• Assume riscos elevados • Necessita e gosta de provocar impacto • Preocupa-se com o prestígio • Busca assumir posições de liderança espontaneamente • Procura controlar e influenciar outras pessoas e dominar os meios que lhe permitem exercer essa influência	• Visa alcançar metas realistas desafiadoras • Assume riscos moderados • Prefere tarefas em que possa ser diretamente responsável pelos resultados • Responde positivamente à competição • Toma iniciativa • Procura alcançar sucesso perante uma norma de excelência pessoal

Para Pensar

Qual é sua necessidade predominante? Realização, poder ou afiliação? Para ajudar em sua reflexão sobre o tema, pense em momentos marcantes de sua vida, aqueles dos quais você lembra com grande satisfação. Assinale com um X a que tipos de situação esses momentos marcantes se relacionam:

1. Episódios em que assumiu responsabilidades pela solução de problemas? ( )
2. Momentos em que assumiu riscos para alcançar os objetivos? ( )
3. Situações em que obteve *feedback* sobre seu desempenho? ( )
4. Momentos em que obteve prestígio? ( )
5. Momentos em que teve autonomia para resolver algum problema ou situação crítica? ( )
6. Ocasiões competitivas? ( )
7. Ocasiões em que conseguiu fazer amigos? ( )

8. Ocasiões em que teve que controlar outras pessoas? ( )

9. Situações em que foi necessário cooperar com outros? ( )

10. Situações em que teve que realizar um trabalho desafiador? ( )

11. Situações em que cooperou com o grupo para resolver um problema? ( )

12. Situações em que pôde ser influente? ( )

Verifique, por esse pequeno teste, qual parece ser sua necessidade predominante:
- Necessidade de afiliação: relacionada à escolha dos itens 7, 9 e 11
- Necessidade de poder: relacionada à escolha dos itens 4, 6, 8 e 12
- Necessidade de realização: relacionada à escolha dos itens 1, 2, 3, 5 e 10

E seu resultado, qual foi? Ele correspondeu à sua autoavaliação?

Outro autor de destaque quando o assunto é motivação é Herzberg, que criou a Teoria dos Dois Fatores.

◥ Teoria dos dois fatores da motivação de Herzberg

Enquanto Maslow fundamentava sua teoria da motivação nas diferentes necessidades humanas (abordagem intraorientada), Herzberg alicerçou sua teoria no ambiente externo e no trabalho do indivíduo (abordagem extraorientada).

Em um estudo sobre engenheiros e contadores, Herzberg e outros pesquisadores verificaram que dois grupos de fatores devem ser considerados na satisfação do cargo, os "satisfacientes" e os "insatisfacientes".

Os fatores satisfacientes ou motivacionais são aqueles que provocam a satisfação com o cargo. Podem ser relacionados às necessidades mais elevadas da Hierarquia das Necessidades estabelecida por Maslow. Como exemplo podemos citar o reconhecimento pela realização do trabalho, a responsabilidade pela execução do trabalho, a possibilidade de crescimento e o conteúdo do trabalho em si. Quando esses fatores estão presentes, geram melhoria no desempenho e diminuem a rotatividade (*turnover*) no trabalho e o absenteísmo. Os meios práticos de proporcionar ou incentivar os fatores satisfacientes incluem: delegação de responsabilidade, promoção, uso pleno das habilidades, estabelecimento de objetivos e realização de avaliações periódicas, simplificação do cargo (pelo próprio ocupante) e ampliação ou enriquecimento do cargo (horizontal ou verticalmente).

O outro conjunto de fatores, denominados insatisfacientes, tende a atuar em uma direção negativa. Se estão em um nível abaixo do "adequado", em termos de expectativas dos empregados, poderão causar insatisfação. Melhorando esses fatores ou as condições de trabalho, pode-se remover a insatisfação, com efeitos benéficos. Todavia, elevando as condições acima desse nível adequado, não se obtém a satisfação ou desempenho elevado. Enquanto os fatores satisfacientes são intrínsecos ao trabalho, os insatisfacientes são periféricos e extrínsecos ao cargo. Enquanto ótimos, esses fatores apenas evitam a insatisfação, mas, quando precários, provocam insatisfação. Os fatores insatisfacientes estão relacionados aos três níveis inferiores da Hierarquia de Maslow. Herzberg considera que tanto o ambiente externo (contexto ambiental) como o trabalho em si (conteúdo) são fatores importantes para a motivação. Seu pensamento pode ser resumido da seguinte forma:

- Fatores higiênicos (ou extrínsecos): condições sob as quais o indivíduo realiza o seu trabalho, como, por exemplo, administração e políticas da empresa, condições gerais de trabalho, relacionamento com colegas, salário, segurança, *status*. Esses fatores, segundo a proposta do autor, não agem como motivadores e sim como algo que, em seu estado ideal, impede a insatisfação, mas não influencia os empregados a se desenvolverem.
- Fatores motivacionais (ou intrínsecos): estão relacionados com o trabalho em si, o nível de responsabilidade, o reconhecimento, a realização, o progresso e o crescimento do indivíduo. Quando os fatores motivacionais são ótimos, eles elevam substancialmente a satisfação.

A análise de Herzberg focaliza, principalmente, a natureza das tarefas. De modo geral, as tarefas são definidas com a única preocupação de atender aos princípios de eficiência e economia, o que leva a um esvaziamento dos componentes de desafio e de oportunidade para a criatividade no conteúdo das tarefas do cargo. Assim, as tarefas provocam um efeito de "desmotivação"; a apatia e a alienação são os resultados da existência de tarefas que não são capazes de oferecer ao trabalhador nada além de um lugar decente para trabalhar. Os fatores higiênicos podem evitar que o trabalhador se queixe, mas não farão com que ele queira trabalhar mais ou com maior eficiência. Quando se oferecem fatores higiênicos – em forma de prêmios ou pagamentos de incentivos monetários –, os efeitos são sempre temporários. Herzberg salienta que os investimentos feitos em fatores higiênicos atingem rapidamente o ponto de diminuição de retorno e não representam, portanto, uma sólida estratégia de motivação.

Para Pensar

Você concorda com Herzberg quando ele diz que prêmios e pagamento de incentivos monetários são fatores higiênicos, que possuem efeito apenas temporário e que não representam uma sólida estratégia de motivação? E as empresas, como elas tratam essa questão? Converse com profissionais de RH, amigos e familiares e verifique que informações consegue obter para melhor analisar essa questão tão polêmica.

Herzberg chegou à conclusão de que os fatores responsáveis pela satisfação profissional são diferentes dos responsáveis pela insatisfação: o oposto de satisfação profissional não é a insatisfação, mas sim nenhuma satisfação profissional; e, da mesma maneira, o oposto de insatisfação profissional seria nenhuma insatisfação profissional e não a satisfação. A figura da página seguinte resume a teoria defendida por Herzberg.

Na prática, a abordagem de Herzberg enfatiza os fatores que, tradicionalmente, são negligenciados pelas organizações em favor dos fatores insatisfacientes nas tentativas para elevar o desempenho e a satisfação do pessoal.

Até certo ponto, as conclusões de Herzberg coincidem com a Teoria de Maslow, pois consideram que os níveis mais baixos de necessidades humanas têm relativamente pequeno efeito motivacional.

Teoria dos dois fatores (Herzberg)

Fatores insatisfacientes, higiênicos ou extrínsecos	Fatores satisfacientes, motivadores ou intrínsecos
• Administração e políticas da empresa • Condições gerais de trabalho • Relacionamento com colegas • Salário • Segurança • *Status*	• Trabalho em si • Nível de responsabilidade • Reconhecimento • Realização • Progresso e o crescimento do indivíduo em si

Enquanto Maslow afirma que qualquer necessidade pode ser motivadora de comportamento, se for relativamente insatisfeita, Herzberg salienta que apenas as necessidades mais elevadas na hierarquia das necessidades atuam como motivadoras.

Embora existam críticas ao trabalho de Herzberg, seu mérito no sentido de proporcionar uma forma diferente de se pensar sobre a motivação dos trabalhadores é inegável.

As teorias de conteúdo, apesar de terem proporcionado formas diferenciadas de compreender a motivação das pessoas, apresentam algumas falhas, que serão vistas a seguir.

◥ Teorias de conteúdo e as críticas recebidas

As teorias de conteúdo enfatizam a compreensão dos fatores internos que fazem com que os indivíduos ajam de certo modo. Por exemplo, um empregado que tenha grande necessidade de realização pode ser motivado a trabalhar horas extras para completar em tempo uma tarefa difícil; outro com grande necessidade de autoestima pode ser motivado a trabalhar de forma cuidadosa para produzir um trabalho de alta qualidade.

À primeira vista, essa abordagem parece simples: determinando as necessidades do empregado, o gestor poderá prever o tipo de tarefa e de ambiente que terá o maior efeito "motivador" no subordinado. Na prática, contudo, a motivação é muito mais complicada.

Primeiro, as necessidades variam entre os indivíduos e de acordo com o tempo. Muitos gestores, deixando de compreender isso, acham que motivar os subordinados é uma tarefa desencorajadora e frustrante. Assim, um líder ambicioso e com grande necessidade de realização pode ser frustrado por subordinados que não tenham o mesmo impulso.

Segundo, o modo como as necessidades são traduzidas em comportamentos também varia muito. Uma pessoa com grande necessidade de segurança pode agir com cautela e evitar a responsabilidade por medo de que considerem seu desempenho insatisfatório.

Terceiro, mesmo que as necessidades sejam coerentes, o comportamento não é. Um empregado com grande necessidade de autoestima pode superar as maiores expectativas de desempenho em um dia e ter um desempenho desastroso em outro.

Finalmente, alguns críticos dizem que as teorias de conteúdo não se adaptam a todos os lugares. Pessoas de outros países e outras culturas tendem a classificar suas necessidades de modos diferentes.

Essas críticas não significam que as teorias de conteúdo não têm valor. Pelo contrário, são extremamente úteis, pois possibilitam a percepção de que os valores mudam de pessoa para pessoa. Nenhum gestor pode esperar mudar seus empregados, mas pode tentar avaliar as necessidades de cada um e usar esse conhecimento para determinar trabalhos que aproveitem as forças motivacionais existentes. A atitude aparentemente descompromissada do trabalhador das "9 às 18h" (aquele que cumpre apenas o horário e as tarefas estabelecidas) pode frustrar alguns gestores, mas aqueles que forem sensatos reconhecerão a valiosa estabilidade que esses trabalhadores dão à organização.

Além das teorias de conteúdo, existem também as teorias de processo, que também tentam explicar a motivação.

◉ Teorias de processo da motivação

Em vez de enfatizar o conteúdo das necessidades e seu poder de motivar comportamentos, as teorias de processo consideram as necessidades apenas mais um elemento do processo motivacional. Outros elementos influenciadores são: a capacidade do indivíduo, sua percepção sobre seu papel, a compreensão de quais comportamentos são necessários para alcançar um alto desempenho e suas expectativas com relação às consequências de

Motivação

certos comportamentos. Por exemplo, alguém com grande necessidade de realização pode desejar um bônus por completar um projeto difícil dentro do prazo; então, a expectativa de um bônus irá ajudar a motivar o comportamento do indivíduo. As teorias de processo mais importantes são as da Expectativa, da Equidade e do Estabelecimento de Objetivos.

◥ Teoria das expectativas

Desenvolvida por Vroom, considera as diferenças entre indivíduos e situações e tem como base quatro pressupostos sobre o comportamento das pessoas nas organizações:

- o comportamento é determinado por uma combinação de fatores do indivíduo e do ambiente;
- os indivíduos tomam decisões conscientes sobre seu comportamento na organização;
- as pessoas têm necessidades, desejos e objetivos diferentes;
- os indivíduos decidem entre alternativas de comportamento com base em suas expectativas de que um determinado comportamento levará a um resultado desejado.

Essas suposições são a base do modelo de expectativa, que está fundamentado em três fatores: expectância, instrumentalidade e valência.

- Expectativa de resultado do desempenho (expectância): os indivíduos esperam certas consequências de seus comportamentos. Essas expectativas, por sua vez, afetam as decisões sobre como se comportar. Por exemplo, um trabalhador que esteja pensando em atingir 100% de sua cota de vendas pode esperar um elogio, um bônus, nenhuma reação ou até mesmo a hostilidade dos colegas.
- Valência: o resultado de um dado comportamento tem uma valência específica ou poder de motivar, que varia de indivíduo para indivíduo. Por exemplo, para quem valoriza o dinheiro e a realização, a transferência para um cargo com salário mais alto em outra cidade ou país pode ter uma valência alta; para quem valoriza a proximidade com a família e o relacionamento com os colegas atuais, a mesma transferência teria uma valência baixa.
- Expectativa de esforço-desempenho (instrumentalidade): as expectativas sobre a dificuldade de ter um desempenho bem-sucedido irão afetar decisões sobre comportamento. Tendo uma escolha, os indivíduos tendem a optar pelo nível de desempenho que pareça ter a máxima probabilidade de obter um resultado que eles valorizem.

Por exemplo, um empregado que almeja uma promoção pode se esforçar muito caso acredite que um melhor desempenho gere uma promoção; caso, contudo, perceba que mesmo excedendo as expectativas em termos de desempenho nada acontecerá, ele tenderá a não se esforçar tanto.

Pode-se pensar nesses três componentes como três perguntas: "Se eu fizer isso, qual será o resultado?", "O resultado vale o meu esforço?" e "Quais são minhas chances de chegar a um resultado que valha a pena para mim?"

As respostas do indivíduo a essas perguntas irão depender, até certo ponto, dos tipos de resultado esperados. Pode haver recompensas intrínsecas que são experimentadas diretamente pelo indivíduo, como, por exemplo, sentimentos de realização, autoestima e satisfação por desenvolver novas habilidades. As recompensas, por outro lado, podem ser extrínsecas, como bonificações, elogios ou promoções, que são dadas por um agente externo, como um supervisor ou um grupo de trabalho.

A figura a seguir apresenta um resumo da Teoria da Expectativa.

Teoria da expectativa

Expectância (expectativa de resultado do desempenho)

Consequências esperadas dos comportamentos que afetam a decisão sobre como se comportar

Valência

O resultado de um comportamento tem uma valência ou poder de motivar (varia de pessoa para pessoa)

Instrumentalidade (expectativa de esforço-desempenho)

Tendência a escolher o nível de desempenho com maior probabilidade de obter um resultado valorizado

Motivação

31

O modelo de expectativa tem algumas implicações claras para o modo como os gestores podem impactar a motivação dos subordinados. Entre elas estão:

- determinar as recompensas que são valorizadas por cada subordinado. Se as recompensas devem ser motivadoras, devem ser adequadas aos indivíduos. Os gestores podem descobrir que recompensas seus subordinados buscam, observando as reações deles em diferentes situações e perguntando-lhes que tipos de recompensas desejam;
- determinar o desempenho que se deseja: os gestores devem identificar que nível de desempenho ou que comportamento desejam, para que possam dizer aos subordinados o que têm que fazer para receberem recompensas;
- fazer com que o nível de desempenho seja alcançável: se os subordinados acham que o objetivo que lhes está sendo pedido para alcançar é difícil demais ou impossível, sua motivação será baixa;
- relacionar as recompensas ao desempenho: para manter a motivação, a recompensa adequada deve ser claramente associada, em um curto período de tempo, a desempenho bem-sucedido;
- analisar que fatores podem agir contra a eficácia da recompensa: conflitos entre o sistema de recompensas e outras influências na situação de trabalho podem exigir que o gestor faça alguns ajustes na recompensa. Por exemplo, se o grupo de trabalho do subordinado preferir a baixa produtividade, pode ser necessária uma recompensa acima da média para motivar o empregado a ter uma alta produtividade.

Outra teoria bastante conhecida é a da Equidade.

◥ Teoria da equidade

Em 1963, John Stacy Adams, psicólogo behaviorista, desenvolveu a Teoria da Equidade sobre a motivação no trabalho. Baseia-se na tese de que um fator que impacta a motivação, o desempenho e a satisfação com o trabalho é a avaliação que o indivíduo faz sobre a equidade ou a justiça da recompensa recebida.

A equidade pode ser definida como uma relação entre a contribuição que a pessoa dá em seu trabalho (como o esforço ou a habilidade) e as recompensas que recebe (como o pagamento ou a promoção) comparada com as recompensas que os outros estão recebendo por contribuições semelhantes. A Teoria da Equidade defende que a motivação, o desempenho e a satisfação das pessoas dependem da avaliação subjetiva que fazem da relação entre seu quociente esforço/recompensa e o quociente esforço/recompensa de outros em situações semelhantes. A figura a seguir ilustra a avaliação da equidade que é feita por cada um de nós.

Teoria da equidade

A maior parte da discussão e das pesquisas sobre a Teoria da Equidade concentra-se no dinheiro como a recompensa mais significativa no local de trabalho. As pessoas comparam o que recebem por seus esforços ao que outros, em situação semelhante, recebem pelos deles. Quando pensam que existe uma falta de equidade, desenvolve-se um estado de tensão, que elas tentam resolver ajustando seu comportamento. Um trabalhador que percebe que está sendo mal pago, por exemplo, pode tentar reduzir a inequidade esforçando-se menos. Os trabalhadores que estão recebendo demais, por outro lado (também em um estado de tensão por perceberem uma inequidade), podem trabalhar mais duro.

Alguns estudos mostraram que a reação do indivíduo a uma inequidade depende da sua história de inequidades sofridas. Pode-se dizer que existe um limite até o qual o indivíduo tolera uma série de eventos injustos, mas com a "gota d'água" – isto é, quando acontecer uma injustiça relativamente insignificante que leve o indivíduo além de seu limite de tolerância – o resultado pode ser uma reação extrema e aparentemente inadequada. Por exemplo, um excelente trabalhador a quem seja negado um dia de folga pode, subitamente, ficar furioso caso tenha sofrido uma série de decisões mesquinhas no passado.

Os indivíduos são diferentes, de modo que suas maneiras de reduzir a inequidade também diferem. Alguns irão racionalizar, dizendo que seus esforços eram maiores ou menores do que originalmente achavam, ou que as recompensas foram mais ou menos valiosas. Por exemplo, uma pessoa que deixe de receber uma promoção pode "decidir" que o cargo anteriormente desejado implicava responsabilidade demais. Membros de equipes

Motivação

de trabalho que recebem o mesmo pagamento mas exercem menos esforço, por exemplo, podem ser persuadidos a trabalhar mais duro, ou trabalhadores de alto desempenho podem ser desencorajados a manter seu desempenho para não fazer com que o resto da equipe pareça ser incompetente.

Para os gestores e profissionais que atuam com gestão de pessoas, a teoria da equidade tem várias implicações. A mais importante delas, porém, é que, para a maioria dos indivíduos, as recompensas devem ser vistas como justas para que sejam motivadoras.

Para Pensar

Como você se comporta perante uma situação em que percebe inequidade? Em outras palavras, como você agiria sabendo que possui um desempenho diferenciado (melhor) e descobrindo que outros com desempenho inferior recebem mais recompensas que você? Segundo a Teoria da Equidade, a sua tendência será ficar desmotivado, ter baixa satisfação e talvez até baixar seu nível de desempenho. Você concorda?

Outra teoria de processo muito importante é a do Estabelecimento de Objetivos, que será vista com mais detalhes a seguir.

◥ Teoria do estabelecimento de objetivos

Como as outras teorias de processo, é uma teoria cognitiva da motivação do trabalho, ou seja, parte do pressuposto de que os trabalhadores são dotados de livre-arbítrio e que lutam em direção a certos objetivos. De acordo com o psicólogo Edwin Locke, a inclinação natural do homem no sentido de estabelecer e lutar por objetivos só é útil se a pessoa compreende e aceita um determinado objetivo. Os trabalhadores não se motivarão caso não possuam – e saibam que não possuem – as habilidades necessárias para alcançar um objetivo.

Quando são específicos e desafiadores, os objetivos funcionam de modo mais eficaz como fatores motivadores do desempenho individual e grupal. Algumas pesquisas indicam que a motivação e o comprometimento são maiores quando os subordinados participam do estabelecimento dos objetivos. Entretanto, os empregados precisam de um *feedback* exato sobre seu desempenho para que possam ajustar seus métodos de trabalho, quando necessário, e para sentirem-se encorajados a persistir na direção dos objetivos.

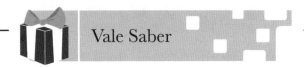

Para que os objetivos atuem favoravelmente em relação à motivação é importante que sejam "SMART":

S	→	*Specific* (Específico)
M	→	*Measurable* (Mensurável)
A	→	*Attainable* (Atingível)
R	→	*Realistic* (Realista)
T	→	*Timely* (Tempestivo, que tenha um prazo para ser alcançado)

Os objetivos devem ser claros e bem definidos. Devem ser desafiadores, mas realizáveis, a fim de poderem estimular o empregado a atingi-los. Além disso, o atingimento dos objetivos deve ser passível de verificação, e os objetivos devem ter um prazo para serem alcançados.

Para Pensar

Você já teve que trabalhar com metas e objetivos estabelecidos? Eles foram estabelecidos de forma consensual ou "impostos" a você? Eles eram SMART? Você se sentiu motivado quando teve que trabalhar dessa forma, por objetivos?

◤ Teorias de processo e críticas recebidas

As teorias do processo ajudam a explicar o pensamento dos empregados e podem ajudar a compreender, e, até mesmo, de certa forma, prever as reações das pessoas. Contudo, para que isso possa ocorrer, é necessário que os gestores conheçam seus subordinados e suas personalidades, o que demanda tempo e esforço. Além do mais, os empregados que tenham experimentado inequidades no passado, ou que tenham necessidades de segurança não realizadas, podem demorar a revelar o tipo de recompensa que possui maior valência para eles. Apesar de a valência de certas recompensas variar de pessoa para pessoa, a satisfação de fazer um bom trabalho é intrinsecamente satisfatória para quase todo mundo.

▷ EXERCÍCIO DE APLICAÇÃO

Considerando as teorias motivacionais, tanto de conteúdo como de processo, apresentadas, qual delas você acha que pode ser mais bem aplicada ao ambiente de trabalho de uma forma geral? Considere a empresa em que você atua hoje ou empresas em que seus amigos ou familiares atuam.

⊙ Administrando a motivação das pessoas

Para lidar adequadamente com a motivação é necessário, antes de tudo, identificar quem está motivado e quem não está, e a observação do comportamento constitui, na maioria dos casos, o único meio disponível para tal. A motivação geralmente se revela por meio de expressões e gestos positivos, tais como um sorriso, uma expressão solícita, um olhar confiante ou uma postura tranquila. Pessoas envolvidas em trabalhos altamente estimulantes costumam apresentar intenso brilho nos olhos. Um leve rubor nas faces pode revelar satisfação. Respiração ofegante pode indicar entusiasmo. Inclinação do corpo em direção aos objetos demonstra interesse pelo trabalho. Já a cabeça apoiada, aparência desalinhada, inclinação do corpo para trás e postura displicente podem ser interpretadas como sinais de desmotivação.

Mais expressivas da motivação, no entanto, são as atitudes que os funcionários manifestam em relação ao trabalho. Fornecimento espontâneo de sugestões para melhorar o trabalho, receptividade a novas incumbências, franqueza nas respostas às perguntas que lhes são feitas, aceitação de desafios e aparência feliz são alguns dos principais sinais de motivação.

Os motivos, como já se viu, têm origem em necessidades que variam não apenas de pessoa para pessoa, mas também em uma mesma pessoa conforme o momento. As pessoas, por sua vez, por serem diferentes entre si, interagem com a própria personalidade e motivação de formas diferentes. Por tudo isso, estimular/incentivar pessoas no trabalho constitui tarefa das mais difíceis.

Apesar dessa dificuldade, pode-se apresentar uma série de recomendações que, se aplicadas, poderão de alguma forma influir na motivação dos empregados e impactar o clima organizacional e a qualidade de vida dos empregados.

Uma dessas recomendações é valorizar as pessoas. Um gerente interessado na formação de um verdadeiro espírito de equipe deve apreciar a todos e não favorecer ninguém. Embora nem todos os empregados possam ser igualmente simpáticos ao gerente, eleger "preferidos" favorece a animosidade entre colegas e, consequentemente, impacta a motivação para trabalhar em grupo. Recomenda-se, portanto, que se observem as pessoas sem preconceitos, concentrando a atenção principalmente nos fatores relacionados ao desempenho. Hábitos pessoais e aparência física devem ficar sempre em segundo plano.

Cada empregado tem expectativas diferentes em relação ao seu gestor. Há quem prefira, por exemplo, trabalhar com um superior do tipo paternal, sempre disposto a fornecer algum tipo de orientação, da mesma forma como outros podem preferir um superior mais distante, que delegue competências. Isso significa, portanto, que pode ser conveniente adotar diferentes estilos gerenciais para cada colaborador como forma de valorizá-los. Convém ressaltar ainda que nem sempre é possível ou mesmo necessário que os membros da equipe gostem de seu gerente, mas sim que gostem de trabalhar com ele.

Outro ponto importante é reconhecer os avanços, a evolução de cada um, pois os empregados costumam ser incentivados a progredir de acordo com as metas estabelecidas. Logo, cada avanço deve ser reconhecido e todos os seus êxitos devem ser elogiados e recebidos de modo animador; os pontos negativos também devem ser alvo de *feedback*, mas sempre visando à melhoria de desempenho.

Elogios sinceros e demonstrações de apreço – mesmo que muito singelas, como um sorriso ou um sinal de positivo com o polegar – dão às pessoas um senso de vitória, fazendo com que sintam que deram uma contribuição de valor. Recomenda-se, portanto, que os gerentes apoiem seus empregados mesmo quando erram, apontando-lhes as falhas e indicando como melhorar, sem culpá-los ou humilhá-los. Na medida em que reconhecem neles os pontos fortes, fazendo críticas construtivas, estão contribuindo para que se empenhem em melhorar futuramente.

É importante também encorajar as iniciativas das pessoas ou das equipes, pois estas representam um dos mais claros sinais de motivação. O recurso de solicitar a participação da equipe na formulação de novas propostas e solução de problemas, por sua vez, constitui um dos mais poderosos fatores de motivação. Logo, convém criar condições favoráveis para que os colaboradores manifestem suas próprias iniciativas.

Convém que a organização promova um sistema de recepção de sugestões. Caixas de sugestões e reuniões do tipo *brainstorming* são bastante adequadas para isso. É necessário também que a organização demonstre receptividade às ideias manifestadas. Deve-se agradecer de imediato todas as sugestões que forem enviadas. Convém também esforçar-se para aceitar a maioria das sugestões, mesmo que para isso seja preciso adaptá-las. Quando, no entanto, for necessário desconsiderar alguma ideia, deve-se explicar à equipe os motivos.

Para que as pessoas se sintam estimuladas, é necessário que se estabeleçam metas desafiadoras. Organizações que se contentam com metas modestas não conseguem estimular suas equipes a pensar grande. As metas, entretanto, devem ser estabelecidas com realismo. O impossível é algo que ninguém se sente obrigado a cumprir e nem mesmo a tentar.

Outra recomendação é enriquecer as funções, pois o interesse pelo trabalho tem muito a ver com a sensação obtida com sua realização. Dividir um trabalho em partes, fazendo com que o empregado se especialize por repetição, acaba por entediá-lo. Por essa razão, recomenda-se, sempre que possível, dividir o grupo em equipes de pessoas com habilidades intercambiáveis e torná-las responsáveis por uma tarefa menor, mas completa. Esse procedimento é conhecido como "enriquecimento" de tarefas e constitui um dos modos mais eficazes de melhorar a motivação pelo trabalho. À medida que se agrega maior diversidade e responsabilidade ao trabalho, obtém-se maior comprometimento dos empregados e favorece-se o desenvolvimento de novas habilidades.

As pessoas preferem executar tarefas difíceis a trabalhos tediosos. Os empregados, por sua vez, gostam de ser considerados especialistas em seu trabalho e sentem-se satisfeitos quando tratados de acordo com esse *status*. O enriquecimento das tarefas, além de promover o aumento da motivação, gera redução de custos.

O enriquecimento do trabalho requer o desenvolvimento de novas habilidades. Isso poderá exigir treinamento formal, o que implicará naturalmente novos custos e a retirada dos profissionais de seu ambiente de trabalho. O treinamento, no entanto, pode ser bastante motivacional.

É importante também delegar autoridade, pois o simples cumprimento de ordens passadas pelo chefe não é estimulador. A maioria das pessoas tende a especializar-se nas tarefas que desempenham e, com o tempo, tornam-se aptas para sugerir e implantar novos procedimentos.

Quando se fala em delegação, o mais comum é pensar em delegar responsabilidade. O mais importante, no entanto, é delegar autoridade. Quanto mais a autoridade fica restrita aos mais altos escalões da estrutura da empresa, menor tende a ser a motivação da equipe. A divisão da autoridade ajuda a despertar e a desenvolver os talentos individuais. Convém, pois, transferir aos comandados as tarefas que não precisam ser feitas necessariamente pela gerência. Torna-se necessário, no entanto, definir com precisão o nível de autoridade que pode ser delegado para que se mantenha o controle geral da situação.

Outro ponto importante é fazer avaliações. Estas são encaradas muitas vezes como um procedimento cujo objetivo é o de culpar ou recompensar alguém. No entanto, devem ser corretamente realizadas e entendidas como parte de um plano de desenvolvimento de pessoas. São elas que propiciam aos empregados formarem uma visão objetiva de seus desempenhos anteriores e assumir maiores responsabilidades no futuro. Por outro lado, as avaliações possibilitam medir o nível de desmotivação da equipe. Assim, ao notar sinais de desinteresse como, por exemplo, pouco entusiasmo com o trabalho ou falta de ambição com a carreira, pode-se procurar tomar medidas voltadas para reverter esse processo e reacender a motivação.

As avaliações representam uma oportunidade para proporcionar um *feedback* regular aos empregados. É importante aproveitar esses momentos para ressaltar também conquistas e pontos positivos. É importante ainda que o gestor aproveite essa oportunidade para avaliar seu próprio desempenho, perguntando como seu próprio trabalho é percebido e como sua conduta afetou o desempenho deles nesse período.

É necessário também que se promovam mudanças. As experiências desenvolvidas por Elton Mayo, o pai da Escola das Relações Humanas no Trabalho, demonstram como o ânimo dos funcionários se eleva à medida que são introduzidas mudanças nas condições de trabalho. O índice de absenteísmo, por sua vez, tende a cair nos períodos em que são observadas transformações nas empresas. A explicação, de acordo com Mayo, é a de que participar de novas experiências provoca aumento do interesse e desenvolve a autoestima e o espírito de equipe, independentemente da mudança que se estiver operando. A figura abaixo resume algumas dicas para estimular os empregados em seu dia a dia.

Dicas para estimular a motivação

- Valorize as pessoas
- Conheça as expectativas dos empregados
- Adote diferentes estilos gerenciais para cada colaborador como forma de valorizá-los
- Reconheça os avanços
- Faça elogios sinceros e tenha demonstrações de apreço
- Dê suporte mesmo em caso de erros
- Encoraje as iniciativas
- Adote um programa de sugestões
- Estabeleça metas ambiciosas, mas realizáveis
- Enriqueça as funções
- Estabeleça tarefas desafiadoras
- Delegue autoridade
- Faça avaliações
- Promova mudanças

Vale Saber

Muitas são as empresas que se preocupam e investem na motivação de seu quadro de empregados por meio de programas e ações específicos. Veja o exemplo de programas motivacionais desenvolvidos pela ArcelorMittal Inox Brasil, produtora integrada de aços planos inoxidáveis e elétricos da América Latina e que possui sua usina siderúrgica da ArcelorMittal Inox Brasil na cidade de Timóteo (MG), na região conhecida como Vale do Aço. Entre os programas desenvolvidos estão os Simpósios Internos Semestrais e o Projeto Conviver.

Para conhecer melhor esses e outros programas, acesse: <http://www.arcelormittalinoxbrasil.com.br/port/recursos_humanos/prog_motivacionais.asp>. Acesso em: jun. 2012.

▷ EXERCÍCIO DE APLICAÇÃO

Considerando sua ocupação atual, ou com base na ocupação de algum familiar ou amigo, que dicas você acha que podem ser implementadas na empresa em que você ou ele atua para estimular a motivação dos empregados? Caso você não tenha acesso a informações de empresas, apresente sua opinião considerando os prós e contras das dicas apresentadas, bem como as particularidades do processo motivacional que estudamos até aqui.

ESTUDO DE CASO

Depois de descobrir que ninguém motiva ninguém, que o máximo que o ambiente fornece são estímulos, cujo impacto pode variar de pessoa para pessoa, e na mesma pessoa ao longo do tempo, Paula percebe que precisa conhecer um pouco melhor o perfil de seus empregados, para iniciar a identificação dos principais fatores que impactam a motivação deles. Como você acha que Paula pode começar a conhecer melhor os empregados da empresa?

_____
_____
_____
_____
_____
_____
_____
_____
_____
_____

Quando falamos sobre motivação, não há como não abordar também assuntos complementares, tais como clima organizacional e qualidade de vida no trabalho. Uma das formas de melhor conhecer os empregados e os motivos que os movem é por meio da realização de pesquisas, como por exemplo a de clima organizacional. Vamos a seguir conhecer mais um pouco desse assunto.

Resumo Executivo

- A motivação é intrínseca, ou seja, ninguém motiva ninguém. O ambiente estimula, incentiva, provoca a motivação dos outros; porém ela está dentro de cada um e representa o resultado da interação entre a pessoa e a situação em que ela se encontra.

- As necessidades ou motivos não são estáticos, mas sim forças dinâmicas e persistentes que provocam comportamentos.

- A motivação é cíclica e orientada pelas diferentes necessidades fisiológicas, psicológicas ou sociais; a satisfação de algumas necessidades é temporal.

- A motivação é uma força (energia) que impulsiona o indivíduo a seguir em uma direção específica; é algo intrínseco, que nasce das necessidades de cada um.

- As pessoas vão alocar mais tempo para as atividades, deveres e trabalhos para os quais estão mais motivadas. Conhecer o que agrada cada um é muito importante nesse contexto.

- As teorias de conteúdo da motivação tratam do conteúdo daquilo que, efetivamente, motiva as pessoas. São teorias estáticas, orientadas ou para o passado ou para o presente, e não oferecem condições de previsão da motivação ou do comportamento.

- As principais teorias de conteúdo da motivação são as de Maslow, de Alderfer, de McClelland e de Herzberg.

- As teorias de processo da motivação consideram as necessidades e capacidades de cada um, sua percepção sobre seu papel, a compreensão de quais comportamentos são necessários para alcançar um alto desempenho e as expectativas com relação às consequências de certos comportamentos.

Motivação

- As teorias de processo mais importantes são as da Expectativa, da Equidade e do Estabelecimento de Objetivos.

- As atitudes dos gestores podem impactar a motivação de seus empregados, logo, é importante investir na capacitação dos gestores.

Teste Seu Conhecimento

Vamos verificar o que você aprendeu e fixar alguns dos conceitos mais importantes apresentados até aqui?

Caso a pergunta se refira a experiência profissional e você não a tenha, converse com amigos e familiares sobre o assunto, pesquise em revistas especializadas ou então apresente seu ponto de vista tendo como base o conteúdo aprendido neste capítulo.

Algumas sugestões de resposta seguem ao final do livro.

1. É correta a frase que ninguém motiva ninguém? Explique.
2. Dê um exemplo que justifique a afirmação de que a motivação é um fenômeno intrínseco.
3. O que você entende quando falamos que as necessidades ou motivos não são estáticos, mas sim forças dinâmicas e persistentes que provocam comportamentos?
4. Segundo Maslow, como funciona a motivação?
5. Cite, explique e exemplifique uma teoria de conteúdo da motivação.
6. Cite, explique e exemplifique uma teoria de processo da motivação.
7. Você conhece algum programa motivacional? Caso não conheça, converse com amigos, familiares ou pesquise na internet. Após essa identificação, detalhe o programa e tente correlacioná-lo a alguma das teorias sobre motivação vistas neste capítulo.
8. Você consegue perceber alguma relação entre motivação, clima organizacional e qualidade de vida do trabalho? Explique.

Capítulo 3

Clima Organizacional

V ários estudos têm sido realizados sobre clima organizacional e, dentre eles, destaca-se a contribuição de Luz (1995), que define o clima como o resultado do estado de espírito ou de ânimo das pessoas, que predomina em um ambiente organizacional em um determinado período. O clima é afetado por conflitos, situações positivas e negativas que ocorrem no ambiente de trabalho e também por fatores externos (contexto socioeconômico e político). Os acontecimentos internos, contudo, são aqueles que mais impactam o clima.

É inegável a relação entre clima e motivação. O ambiente das organizações influencia a motivação, pois o clima é a "qualidade" do ambiente organizacional que é percebida ou experimentada por seus integrantes e influencia o seu comportamento. Se as pessoas não estão motivadas ou felizes em pertencer a uma organização, seu clima deve ser estudado. É por meio do clima organizacional que se expressam as percepções das pessoas em relação às organizações em que trabalham.

A identificação do clima organizacional pode ajudar a aumentar a eficiência da organização, pois contribui para a criação de um ambiente que satisfaça as necessidades dos integrantes de seu quadro funcional, ao mesmo tempo que canaliza os comportamentos em direção ao atingimento dos objetivos organizacionais.

A pesquisa de clima é uma importante ferramenta de gestão estratégica, pois possibilita à empresa identificar como os colaboradores sentem e percebem o clima organizacional. O clima organizacional considera uma série de fatores que podem dizer respeito:

- à empresa (como o modo de gestão, missão, comunicação interna, forma de tomada de decisões);
- aos contatos dos empregados com a liderança;
- à política de gestão de pessoas (práticas de remuneração e valorização dos funcionários, por exemplo).

Em resumo, o clima organizacional é a percepção dos funcionários em relação a diversos fatores presentes nas organizações e se estes os satisfazem ou não. Podemos considerar que o estudo sobre clima organizacional teve origem nos Estados Unidos e muitos foram os modelos criados para mensurá-lo.

O primeiro deles foi o de Litwin e Stinger, que, em 1968, mensuraram o clima utilizando os seguintes fatores:

Modelo de mensuração de clima – Litwin e Stinger

Estrutura

Avalia o sentimento dos funcionários em relação a regras e regulamentos do ambiente de trabalho.

Responsabilidade

Avalia o sentimento de ser seu próprio chefe, de ter autonomia.

Risco

Avalia o senso de arriscar e enfrentar desafios.

Recompensa

Avalia o sentimento de ser recompensado por um trabalho benfeito.

Calor e apoio

Reflete o sentimento de bom relacionamento interpessoal e de cooperação.

Conflito

Sentimento de que a administração não teme diferentes opiniões e conflitos.

Muitas são as variáveis que têm sido utilizadas para medir o clima, sendo comumente citadas: o tipo de trabalho realizado, salário e benefícios, a integração entre os departamentos, a liderança, a comunicação, o treinamento, o progresso profissional, o relacionamento interpessoal, a estabilidade no emprego e a participação dos funcionários. Vamos verificar a que cada uma dessas variáveis se refere.

A variável **tipo de trabalho realizado** avalia a adaptação do empregado às suas atividades, se o volume de tarefas é adequado em relação ao efetivo (quadro de pessoal do setor), se há desafios e variedade de tarefas, se o horário de trabalho é adequado, dentre outros. Alguns itens que compõem essa variável têm relação direta com a Qualidade de Vida no Trabalho (QVT), que também será aqui abordada.

Em contrapartida ao trabalho executado, as pessoas esperam receber uma remuneração "justa" (**salário e benefícios**), por isso, é também importante avaliar se:

- os salários pagos são compatíveis com os praticados no mercado (equidade externa);
- existe equilíbrio salarial entre cargos de mesma importância/nível (equidade interna);
- é possível, com o valor recebido, proporcionar uma vida digna para a pessoa e sua família.

O mesmo também deve ocorrer em relação aos benefícios, ou seja, deve ser avaliado se estes atendem às necessidades e expectativas dos funcionários. Esse ponto é curioso, pois, na dependência das características do grupo de empregados, como faixa etária, nível de escolaridade e gênero, alguns benefícios podem ser mais bem aceitos que outros. Assim sendo, é importante conhecer o público interno e suas necessidades a fim de que os benefícios ofertados realmente sejam significativos e representem um investimento, não apenas um custo. Como forma de melhor conhecer os empregados, é interessante que a empresa identifique e acompanhe informações como:

- quantidade de empregados (total e por setor);
- idade (média, distribuição, total e por setor);
- sexo (total e por setor);
- estado civil (total e por setor);
- tempo de empresa (total e por setor);
- escolaridade (total e por setor).

Outro item que merece atenção é a **integração entre departamentos**. É importante avaliar o grau de relacionamento e a existência de cooperação e conflitos. A existência ou não de integração e seu nível afeta o **relacionamento interpessoal**, que também deverá ser objeto de avaliação (deve ser analisada a qualidade das relações entre os funcionários). A **percepção de estabilidade** no emprego também deve ser mensurada, pois é importante conhecer o grau de segurança que os funcionários sentem nos seus empregos.

A variável **liderança** também deve ser estudada e visa identificar a satisfação dos funcionários com seus gestores: se existem respeito, retorno sobre o desempenho (*feedback*), concessão de autonomia e fornecimento de apoio, entre outros itens relevantes. A atuação da liderança é fundamental para a satisfação dos funcionários e tem relação com as variáveis **comunicação** e **participação**, que avaliam, respectivamente, o grau de satisfação com o processo de divulgação de informações e fatos relevantes, e as diferentes formas de participação dos empregados no dia a dia.

O **treinamento** e o **progresso profissional** são duas variáveis importantes e também relacionadas, pois enquanto a primeira avalia as oportunidades que os trabalhadores têm de se desenvolver profissionalmente, a segunda avalia as possibilidades de promoção e crescimento.

▷ EXERCÍCIO DE APLICAÇÃO

Faça uma correlação entre a teoria das necessidades de Maslow e as variáveis que devem ser abordadas em uma pesquisa de clima organizacional. Utilize o espaço abaixo para realizar esse exercício.

A figura a seguir apresenta de forma esquemática as variáveis detalhadas.

Variáveis utilizadas para medir o clima

- Tipo de trabalho
- Salário e benefícios
- Integração entre os departamentos
- Liderança
- Comunicação
- Treinamento
- Progresso profissional
- Relacionamento interpessoal
- Estabilidade no emprego
- Participação dos funcionários

É importante ressaltar que a cultura organizacional está diretamente ligada ao clima, uma vez que o influencia. Apesar de haver ainda confusão entre clima e cultura organizacional, os dois constituem conceitos distintos, porém complementares. No próximo tópico, apresentaremos o conceito de cultura, suas principais características e a diferença entre clima e cultura.

⦿ Clima e cultura organizacional

Para Bowditch e Buono (1992), cultura organizacional é o padrão compartilhado de crenças, suposições e expectativas dos membros da organização e a maneira de perceber a organização, suas normas, papéis, valores e ambiente. A cultura disponibiliza formas de pensamento, sentimento e reação que guiam a tomada de decisão e as ações.

Stoner, Freeman e Gilbert (1995) afirmam que a cultura como um todo é menos explícita que os procedimentos e as regras, podendo ser comparada a um *iceberg* em que, na superfície, estão os aspectos visíveis, formais, e abaixo dela os aspectos ocultos e não formais.

Aprofundando a metáfora da cultura como um *iceberg*, podemos dizer que na superfície, como aspectos visíveis e formais da cultura, estão os objetivos, a tecnologia, a estrutura, os recursos financeiros e as políticas e procedimentos representando a cultura patente. Abaixo da superfície, representando a cultura latente, estão os aspectos informais, tais como: percepções, atitudes, sentimentos, valores, interações e normas grupais. Os aspectos patentes da cultura são aqueles de mais fácil percepção e compreensão, visto que normalmente são explicitados no discurso e em documentos dos membros de uma dada organização, enquanto os latentes normalmente não são ditos, não se encontram registrados e, muitas vezes, fazem parte do inconsciente daqueles que atuam em uma dada organização.

Segundo Schein (1985), é importante compreender a cultura de uma organização, pois ela é real e impacta na vida das pessoas. Ainda segundo o autor, a cultura organizacional pode ser definida como o conjunto de pressupostos básicos inventados, descobertos ou desenvolvidos por um determinado grupo ao aprender lidar com problemas de adaptação externa e de integração interna que funcionaram de forma adequada e que foram ensinados aos novos membros como a forma correta de perceber, pensar e se comportar diante desses problemas.

Vale Saber

Nos estudos sobre cultura organizacional, um autor que se destaca é Edgar Schein, psicólogo social nascido em 1928 nos Estados Unidos.

Vale a pena assistir a uma breve explanação do autor sobre globalização, cultura organizacional e cultura brasileira no endereço:

<http://www.youtube.com/watch?v=1FrP4KkEJ8I>. Acesso em: abr. 2012.

A cultura de uma empresa é o conjunto de normas, regras, valores e atitudes, que pode ter sido desenvolvido pelo fundador da organização, dando a esta um modo particular de ser, com características próprias que a distingue das demais e que são passadas aos novos membros como a forma correta de se pensar e agir, determinando o que deve ser seguido e o que deve ser evitado. A cultura exerce uma forma de controle e representa a identidade da organização.

A cultura pode ser compreendida em três níveis:

- Artefatos: correspondem ao nível mais superficial e perceptível, que representam os aspectos visíveis, tais como organograma, políticas e diretrizes; produtos e serviços, rituais de integração, padrões de comportamento e o vestuário das pessoas.
- Valores compartilhados: são os valores importantes que definem a razão pela qual as coisas são feitas.
- Pressuposições básicas: representam o nível mais profundo e oculto da cultura; são as crenças inconscientes, percepções e sentimentos; são as regras não escritas.

A figura a seguir apresenta os níveis da cultura, do mais profundo (latente) até o mais superficial (patente).

Cultura organizacional

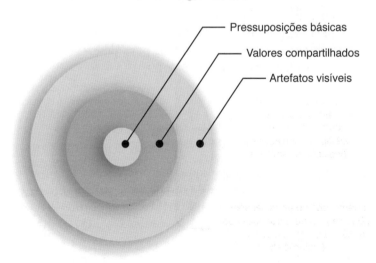

Para Pensar

Você consegue perceber os artefatos visíveis da empresa em que você ou algum amigo ou familiar atua? Caso não tenha experiência profissional tente analisar algum filme (*O Diabo Veste Prada*, *A Firma* ou *Legalmente Loira* são boas opções). O mobiliário, mesas e cadeiras, é igual para todos? Se há refeitório, existe divisão por nível hierárquico? Onde os gestores estão sentados: longe dos demais ou de forma integrada? Todos dividem baias ou existem salas para ocupantes de cargos específicos? Esses aspectos são bons indicativos da cultura da organização.

A cultura é retratada na missão, objetivos, estilos de gestão, forma de comunicação, tomada de decisão, delegação de poder e história da organização, que representam formas de a cultura se expressar.

Os funcionários podem aprender a cultura por meio de histórias, rituais, símbolos materiais e linguagem. Como exemplo de histórias, existem as que se referem ao fundador da organização, lembranças dos momentos difíceis e de alegria. Os rituais são atividades que expressam e reforçam os valores presentes na organização, sendo os mais comuns os de integração, cujo objetivo é diminuir a ansiedade dos novos funcionários, possibilitando a familiarização com as regras e políticas da empresa. Os símbolos podem ser expressos pela arquitetura do edifício e o tamanho e arranjo físico das salas, e as linguagens são os termos criados para descrever equipamentos, escritórios, pessoas-chave, produtos e clientes.

Para Pensar

A empresa em que você ou algum familiar ou amigo atua possui algum tipo de ritual? Você pode também pensar sobre o assunto com algum filme. Pense em comemorações como "aniversariantes do mês", datas festivas (Dia das Mães, dos Pais, festas de final de ano, de aniversário da empresa). Tente comparar esses rituais com aqueles existentes em outras empresas. Converse com seus amigos sobre isso, vai ser uma experiência interessante perceber como as organizações possuem ritos diferentes e específicos.

É comum haver uma confusão entre as definições de clima e cultura organizacional. Rizzatti (2002) cita os trabalhos de Ornstein e de Souza para explicar a diferença entre esses dois conceitos. Enquanto o primeiro afirma que a cultura se refere a normas e valores organizacionais, e que o clima é uma descrição das condições de trabalho de uma organização, o segundo defende a ideia de que o clima é um fenômeno resultante da interação dos elementos da cultura e decorre do peso de cada um dos elementos culturais. Por exemplo: a excessiva importância dada à tecnologia pode levar a um clima desumano; a pressão das normas pode criar tensão, enquanto a aceitação dos afetos pode gerar tranquilidade e confiança.

O clima pode ser entendido como a percepção da atmosfera da organização e impacta a satisfação com o trabalho, as interações entre os grupos e até mesmo os comportamentos que exprimem afastamento dos empregados do ambiente de trabalho (absenteísmo, rotatividade, entre outros). A cultura organizacional é uma das principais causas do clima: a cultura é a causa e o clima é a consequência, sendo os dois, portanto, fenômenos complementares. Por exemplo: uma cultura rígida e formal irá causar um clima rígido e formal, um ambiente de trabalho rígido em que os funcionários não podem expressar suas ideias; em contrapartida uma cultura flexível (informal) irá causar outro ambiente de trabalho, com um clima saudável. O clima é instável e refere-se ao nível de satisfação dos funcionários em um dado momento, enquanto a cultura decorre de práticas estabelecidas ao longo do tempo.

Apesar de o clima organizacional ser abstrato, ele se materializa por meio de indicadores que fornecem sinais sobre sua qualidade, indicando se o clima está bom ou não.

Se considerarmos que a gestão de pessoas tem como missão alcançar a satisfação e a motivação dos funcionários, a identificação e a análise do clima são de suma importância, visto que, quando as pessoas estão satisfeitas e motivadas com o seu ambiente de trabalho, tendem a apresentar uma produtividade maior. Dessa forma, o clima deve ser constantemente avaliado pela área de gestão de pessoas a fim de saber se a sua missão está sendo alcançada.

ESTUDO DE CASO

Paula achou interessante entender um pouco mais sobre os conceitos de cultura e clima organizacional. Compreendeu que o clima é um retrato, uma foto da organização em um determinado momento, enquanto a cultura é um filme, que inicia com a fundação da empresa. Entendeu ainda que o clima impacta diretamente na motivação dos empregados e teve a certeza de que a Alfa Limitada precisava dar mais atenção ao nível de satisfação de seus empregados. Quanto mais aprendia sobre o assunto, mais questionamentos surgiam:

- Como o clima organizacional pode ser mensurado?
- Que medidas podem ser tomadas a curto, médio e longo prazos, para acompanhar o clima da Alfa?
- O que fazer para transformar a Alfa em um lugar melhor para se trabalhar?

◉ Indicadores de clima organizacional

É possível mensurar o clima organizacional por meio de indicadores, sinais que impactam a qualidade dos produtos/serviços da organização e que permitem saber se algo foge à situação esperada (Luz, 2003). Veja, a seguir, alguns deles.

- Rotatividade de pessoal/Turnover: o entra e sai de funcionários (admissões e desligamentos) pode representar uma falta de comprometimento e satisfação com a empresa.
- Absenteísmo: as faltas e atrasos podem, também, ser considerados como falta de comprometimento e satisfação com a empresa.
- Depredação do patrimônio da empresa: atitudes de revolta indicam estado de insatisfação do funcionário.
- Programas de sugestões: um programa de sugestões que não é benfeito pode apresentar uma reação dos funcionários em relação à empresa, não demonstrando em número ou qualidade sugestões que a organização esperava.

- Avaliação de desempenho: por meio de avaliações formais, é possível entender as necessidades e motivações que afetam o desempenho dos funcionários e proporcionam satisfação no ambiente de trabalho.
- Greves: a presença de greves indica o descontentamento dos funcionários com a empresa.
- Conflitos interpessoais e interdepartamentais: são fortes indicadores, pois o relacionamento entre as pessoas e departamentos é o que define um clima tenso ou agradável.
- Desperdícios de material: uma reação à insatisfação das condições de trabalho é danificar materiais, utilizando de forma excessiva ou incorreta. É uma forma de revolta dos trabalhadores.
- Queixas no serviço médico: os funcionários vão aos consultórios médicos fazer queixas de suas condições de trabalho, angústias, humilhações e sobrecargas.

Os indicadores estão apresentados no quadro a seguir.

Indicadores do clima organizacional

Rotatividade de pessoal/*Turnover*	Quando elevado, pode indicar falta de comprometimento das pessoas com a empresa.
Absenteísmo (faltas)	Quando elevado, pode indicar falta de comprometimento com a empresa.
Programas de sugestões	Se malsucedidos, podem indicar falta de interesse e comprometimento.
Avaliação de desempenho	Desempenho ruim pode indicar que o clima também está ruim.
Conflitos interpessoais e interdepartamentais	Forma mais visível do clima. Se houver muitos conflitos entre pessoas ou departamentos, suscita um ponto de atenção.
Desperdícios de material	Uma das formas de reação contra a empresa é o desperdício de material, seu consumo exagerado e quebras frequentes de equipamentos e instalações.

Vale Saber

A rotatividade de pessoal ou *turnover* representa o movimento de entrada e saída de pessoas da organização. Pode se dar tanto por iniciativa da empresa como por iniciativa do empregado. Várias são as formas para mensurar o *turnover* na dependência do objetivo da análise, ou seja, de qual fenômeno se quer compreender. A seguir apresentamos três das formas possíveis de fazer esse cálculo.

1. Considerando admissões e demissões:

[(Número de demissões + Número de admissões)/2]/ Efetivo médio no período

2. Considerando apenas demissões (tanto por iniciativa da empresa como do empregado):

Número de demissões/Efetivo médio no período

3. Considerando apenas desligamento por iniciativa do empregado:

Número de demissões por iniciativa do empregado/ Efetivo médio no período

Observação: O cálculo do efetivo médio no período pode ser realizado de diferentes formas. Abaixo seguem dois exemplos.

Exemplo 1: (Efetivo no início do período + Efetivo no final do período) / 2 ou

Exemplo 2: (Efetivo mês 1 + Efetivo mês 2 + Efetivo mês 3 + Efetivo mês N)/N

ESTUDO DE CASO

Considerando que um dos problemas enfrentados por Paula é a rotatividade por iniciativa do empregado, que fórmula(s) você acha que ela deveria empregar para melhor analisar esse fenômeno?

Nem sempre a contratação e a demissão de pessoas é a solução para os problemas de desempenho das empresas. As deficiências geradas pela má qualidade dos serviços podem estar relacionadas a um clima organizacional negativo. Para um funcionário ter um bom desempenho e prestar um serviço de qualidade, é necessário que ele saiba, possa e queira fazê-lo. Um funcionário que sabe fazer e é capaz de fazer, pode acabar executando o trabalho de qualquer maneira apenas por não querer fazê-lo. O desempenho pode estar relacionado ao nível de satisfação, por isso, é necessária uma análise do clima organizacional, visando à melhoria contínua do ambiente para que haja melhores resultados para a empresa.

Vale Saber

Não basta apenas quantificar o *turnover* (rotatividade), é importante, também, compreender os motivos que o geraram e qualificá-lo. Além do acompanhamento dos níveis de rotatividade ao longo do tempo, o que permite uma visão histórica, é aconselhável que sejam aplicadas entrevistas de desligamento. O objetivo desse tipo de entrevista é identificar pontos positivos e negativos da empresa, de sua gestão (lideranças) e de suas políticas e práticas de gestão de pessoas. O resultado das entrevistas de desligamento consolidado (importante garantir o sigilo, a não identificação dos respondentes) deve ser apresentado à alta direção em formato de relatórios (mensais, trimestrais, semestrais e anuais), sempre mantendo a perspectiva histórica. É importante que sejam traçados planos de ação para melhorar pontos negativos recorrentes, complementando os resultados da pesquisa de clima e, assim, identificar convergências e divergências.

▷ EXERCÍCIO DE APLICAÇÃO

A organização em que atua aplica algum tipo de entrevista de desligamento? Quais perguntas/assuntos são abordados? Caso você não trabalhe ou sua empresa não adote essa prática, sugira alguns grandes temas e perguntas que julga serem necessários nesse tipo de entrevista.

_____
_____
_____
_____
_____
_____
_____
_____

Normalmente a entrevista de desligamento identifica o grau de satisfação com diversos fatores que podem levar um funcionário a ser demitido ou solicitar seu desligamento, por exemplo:

- o trabalho em si;
- remuneração (salário fixo + remuneração variável + benefícios);
- supervisão/liderança;
- tipo de trabalho desenvolvido;
- relacionamento interpessoal;
- comunicação;
- desenvolvimento e oportunidades de progresso profissional (carreira, realização de treinamentos etc.);
- condições físicas no trabalho (barulho, ruído, adequação de mesas, cadeiras e ventilação, entre outros).

Além disso, é importante que na entrevista de desligamento seja identificado se a demissão ocorreu por iniciativa do empregado ou do empregador, bem como se o demissionário sai da empresa para ingressar em outra. Caso o empregado tenha pedido demissão sem ter em vista outra oportunidade profissional, os motivos desse desligamento devem ser verificados.

A entrevista de desligamento proporciona à empresa a possibilidade de compreender como os desligados percebiam o seu ambiente de trabalho. Com base nessas informações, é possível aplicar medidas para corrigir eventuais desvios e não conformidades em relação ao esperado/desejado. O único problema com a entrevista de desligamento é que ela afere o clima, mas nada pode fazer para melhorar o nível de satisfação daquele que está se desligando/sendo desligado. Ela pode ser utilizada para evitar outros desligamentos pelos mesmos motivos ou por motivos similares. É uma excelente ferramenta de diagnóstico, principalmente se considerada em perspectiva histórica. Veja um exemplo de entrevista de desligamento no Apêndice, ao final do livro.

O levantamento dos motivos do desligamento pode se dar ou via entrevista, momento em que o profissional de Gestão de Pessoal senta-se com o ex-empregado e lhe faz perguntas, seguindo um roteiro preestabelecido, ou via questionário, quando o próprio empregado preenche as perguntas do formulário. É muito comum utilizar ambas as técnicas, ou seja, o desligado preenche o documento primeiro e depois se reúne com o profissional de GP para uma conversa mais aprofundada sobre os itens relatados. É muito importante que o desligado tenha confiança no entrevistador e que a ele seja garantida a confidencialidade das informações apresentadas.

Para Pensar

Já ocorreu na empresa em que atua de algum empregado pedir demissão sem ter outro emprego definido? Se isso ocorreu, é um indício muito forte de que o clima da organização não está bom, principalmente se atos assim são recorrentes na empresa, em um mesmo setor ou departamento. Quando isso ocorre, a organização pode estar dando sinais de que está doente e de que alguma ação deve ser tomada para reverter esse quadro. Possivelmente o clima organizacional e/ou a qualidade de vida no trabalho da empresa como um todo, ou de alguns setores ou departamentos, podem estar comprometidos.

Outro importante indicador de clima organizacional é o nível de absenteísmo. O absenteísmo refere-se a atrasos, faltas e saídas antecipadas no trabalho, de maneira justificada ou injustificada. Pode estar ligado à insatisfação com o trabalho, doenças ocupacionais e outros fatores que merecem ser investigados pela empresa.

Vale Saber

Muitas são as fórmulas que podem ser utilizadas para calcular o nível de absenteísmo de uma empresa e a escolha da mais adequada depende daquilo que a empresa quer acompanhar. Alguns exemplos são apresentados na sequência.

Índice de absenteísmo (Ia):
$Ia = Nhp/NhP \times 100$
em que:
Nhp = Número de horas perdidas
NhP = Número de horas planejadas

$$Ia = \frac{\text{total de homens/horas perdidas}}{\text{total de homens/horas trabalhadas}} \times 100$$

Podem ser consideradas apenas horas perdidas sem afastamento (faltas por motivos médicos e atrasos) ou apenas horas perdidas com afastamento (afastamento por doença ou por acidentes de trabalho). A empresa pode ainda acompanhar esses indicadores por departamento ou setor, de forma histórica, por sexo, apenas para citar algumas formas de análise possíveis.

Estudos citados por Lee e Eriksen (1990) indicam que o absenteísmo é inversamente proporcional à satisfação no trabalho. A ausência do trabalho pode ser considerada uma forma de o empregado se afastar de situações indesejáveis, tais como condições de trabalho, natureza da supervisão, estilos de liderança, participação na tomada de decisões e relacionamentos. Normalmente as principais causas do absenteísmo são doenças (comprovadas ou não), razões diversas de caráter familiar, atrasos, faltas, dificuldades e problemas financeiros, problemas de transporte, baixa motivação para trabalhar, supervisão precária da chefia, políticas inadequadas da organização, entre outras. É de grande importância que a empresa acompanhe o absenteísmo e tente identificar suas causas para que possam ser tomadas medidas corretivas, sempre que necessário.

▷ EXERCÍCIO DE APLICAÇÃO

Você conhece o índice de absenteísmo de sua empresa? Quais são as principais causas da ausência de empregados? Que ações podem ser realizadas para melhorar esse índice?

Causas	Plano de ação

Tendo em vista que a Administração de Recursos Humanos, ou Gestão de Pessoas, tem o papel de zelar pelo bem-estar dos funcionários da empresa, deve ser, portanto, a responsável por avaliar o clima organizacional, buscando proporcionar melhorias contínuas ao ambiente de trabalho. Luz (2003) atribui

as seguintes responsabilidades à área de Gestão de Pessoas no âmbito da gestão do clima organizacional:
- fazer uma avaliação formal e informal do clima;
- integrar funcionários para que eles consigam eliminar eventuais resistências existentes nas relações de trabalho;
- orientar, assistir e aconselhar os funcionários;
- aprimorar a realidade social dos funcionários.

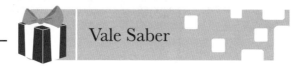

Vale Saber

As atividades de Gestão de Pessoas devem ser compartilhadas com os líderes da empresa. O que isso quer dizer? É tanto tarefa da área de gestão de pessoas como de cada gestor zelar pela manutenção de um clima organizacional positivo. O gestor participa da seleção do empregado, faz sua avaliação de desempenho, orienta suas atividades, dá *feedback*, transmite informações, enfim, é aquele que está, no dia a dia, fazendo, na prática, a gestão daquele empregado ou grupo de empregados. Sua forma de gestão tem grande impacto no clima favorável ou não que existe na empresa e em seu setor.

▷ EXERCÍCIO DE APLICAÇÃO

Você acompanha, periodicamente, algum dos indicadores de clima organizacional citados? Caso não acompanhe, qual(is) você acha que vale a pena acompanhar, considerando tanto a importância do indicador em sua realidade como a facilidade que terá para obter as informações necessárias para que realize seu cálculo e acompanhamento?

Os indicadores apresentados neste capítulo são importantes indícios para compreender se o clima da empresa está bom ou ruim. Para conhecê-lo detalhadamente, contudo, é importante aplicar pesquisas de clima e analisá-las, visando traçar planos de ação para corrigir eventuais problemas ou desvios.

ESTUDO DE CASO

Após ter verificado a importância de alguns indicadores na compreensão do clima organizacional, Paula buscou conhecer como estão esses indicadores na Alfa Limitada. As informações que obteve foram:
• alta taxa de rotatividade por iniciativa do empregado;
• crescimento da taxa de acidentes de trabalho com afastamento ao longo dos últimos 3 anos;
• crescimento da taxa de absenteísmo nos últimos 2 anos.

Descobriu, ainda, que não existe na empresa um acompanhamento mensal desses indicadores nem nenhuma análise qualitativa que explique melhor esses números. Algumas medidas que resolveu colocar em prática foram a realização de entrevistas de desligamento e a identificação e acompanhamento mensal de outros indicadores relevantes, tais como rotatividade e absenteísmo. Apesar de ter ficado um pouco mais preocupada com o cenário da Alfa Limitada, decidiu que uma de suas metas será a de melhorar esses indicadores. Continuou, então, sua pesquisa sobre clima organizacional e qualidade de vida no trabalho a fim de conhecer mais sobre esses assuntos e tentar responder as novas indagações que surgiam em sua mente:
• Para que serve a pesquisa de clima organizacional?
• Como planejá-la, aplicá-la e analisá-la?
• Como fazer para que a pesquisa sirva efetivamente para gerar mudanças?
• De quanto em quanto tempo a pesquisa de clima deve ser realizada?

Vamos acompanhar Paula em sua pesquisa para responder a esses novos questionamentos?

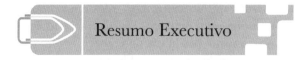

Resumo Executivo

- O clima organizacional representa a forma como os empregados percebem o ambiente da organização; é um retrato do momento atual da empresa. É a percepção dos funcionários em relação a diversos fatores presentes nas organizações e se estes estão satisfazendo-os ou não.

- São exemplos de variáveis normalmente utilizadas para medir o clima: tipo de trabalho realizado, salário e benefícios, a integração entre os departamentos, a liderança, a comunicação, o treinamento, o progresso profissional, o relacionamento interpessoal, a estabilidade no emprego e a participação dos funcionários.

- Clima e cultura organizacionais são conceitos diferentes, ainda que haja uma grande influência da cultura sobre o clima.

- O clima organizacional possui uma perspectiva de curto prazo; é um retrato da organização em um determinado momento.

- A cultura organizacional é como um filme: possui a perspectiva de longo prazo e representa a personalidade da organização.

- A cultura de uma empresa é o conjunto de normas, regras, valores e atitudes. É o modo particular de ser da organização, com características próprias que a distinguem das demais.

- A cultura exerce uma forma de controle e representa a identidade da organização.

- Alguns indicadores importantes de clima organizacional são: rotatividade; absenteísmo; depredação do patrimônio da empresa; programas de sugestões com baixa ou nenhuma participação; resultados de avaliações de desempenho; greves; conflitos entre empregados e departamentos; desperdícios de material e queixas no serviço médico ou serviço social.

- A entrevista de desligamento identifica o grau de satisfação com diversos motivos que podem levar um funcionário a ser demitido ou solicitar seu desligamento.

- São pontos que podem ser abordados em uma entrevista de desligamento: o trabalho em si, remuneração, liderança, tipo de trabalho desenvolvido, relacionamento interpessoal, comunicação, desenvolvimento e oportunidades de progresso profissional, condições físicas no trabalho, se a demissão ocorreu por iniciativa do empregado ou do empregador e se o demissionário sai da empresa para ingressar em outra.

Teste Seu Conhecimento

Vamos verificar o que aprendeu e fixar alguns dos conceitos mais importantes apresentados até aqui?

Caso a pergunta se refira à experiência profissional e você não a tenha, converse com amigos e familiares sobre o assunto, pesquise em revistas especializadas ou então apresente seu ponto de vista tendo como base o conteúdo aprendido neste capítulo.

Algumas sugestões de resposta seguem ao final do livro.

1. O que é clima organizacional?
2. O que é cultura organizacional?
3. A cultura organizacional pode ser compreendida em três níveis: artefatos, valores compartilhados e pressuposições básicas. Explique cada um desses níveis.
4. Cite quatro variáveis que podem ser foco de uma pesquisa de clima.
5. Qual a importância da entrevista de desligamento como forma de aferir o clima da organização?

Capítulo 4

Pesquisa de Clima Organizacional

O primeiro passo para a solução de um problema é diagnosticar a situação atual, ou seja, identificar o problema e saber o que o causa. Antes de iniciar qualquer planejamento de ação corretiva nos processos de gestão de pessoas ou da empresa como um todo, é necessário saber qual é a real situação e quais são os problemas que estão ocorrendo.

Uma das ferramentas mais eficazes no diagnóstico de problemas é a pesquisa de clima organizacional, que permite mapear e analisar a situação que a empresa está vivendo e utilizar esses dados como base para ações corretivas.

A pesquisa de clima organizacional deve ser contínua, ou seja, não deve ocorrer apenas uma vez. A definição da periodicidade mais adequada, contudo, cabe a cada empresa, sendo necessário destacar que a distância (tempo) entre as edições da pesquisa deve ser longa o suficiente para possibilitar a implantação de planos de ações para a correção dos desvios identificados. O mais usual é que as pesquisas sejam realizadas de dois em dois ou de três em três anos.

Para Pensar

A empresa em que atua já realizou alguma pesquisa de clima organizacional? Com qual periodicidade ela ocorre? Caso você não trabalhe, converse com amigos e familiares sobre o assunto.

A pesquisa de clima organizacional é um dos instrumentos que podem ser utilizados para o levantamento do clima com o objetivo de verificar o grau de satisfação dos empregados em relação à empresa.

Trata-se de uma análise do ambiente organizacional, em seus diversos aspectos, de acordo com os funcionários da empresa. É uma ferramenta fundamental, pois, por meio dela, é possível detectar o grau de satisfação dos funcionários em um dado momento em relação a diversos aspectos e verificar quais são os pontos fortes e fracos da organização.

Por meio da pesquisa é possível planejar e implementar ações de melhoria no ambiente interno. Porém, se nada for feito com os resultados, ocorrerá um efeito inverso e os funcionários podem passar a ver a empresa com grande desconfiança, pois expectativas foram criadas, mas não concretizadas. Por isso, não é recomendável repetir uma pesquisa sem que se tenha tomado providências em relação às falhas identificadas na pesquisa anterior. É de fundamental importância que, logo após a pesquisa, os resultados sejam divulgados e analisados para a implantação de ações corretivas.

A pesquisa de clima oferece ainda a oportunidade de os funcionários participarem da empresa expondo suas opiniões. Por meio dela as pessoas se sentem ouvidas, respeitadas e corresponsáveis pela empresa, o que impacta a satisfação e a produção (quantidade e qualidade).

Segundo Gomes (2004), a pesquisa oferece uma série de contribuições para a gestão de pessoas, pois possibilita o crescimento e desenvolvimento dos funcionários, a otimização da comunicação, a diminuição da burocracia, a identificação das necessidades de treinamento, a integração entre os diversos processos e áreas da empresa e a otimização das ações gerenciais, tornando-as mais consistentes.

É importante que os respondentes se sintam confiantes para apresentar sua opinião e que lhes seja garantido o sigilo, caso contrário, os resultados obtidos podem não corresponder à realidade. Vamos detalhar, a seguir, as etapas que podem ser realizadas em uma pesquisa de clima.

◉ Etapas da pesquisa de clima

De acordo com Lima e Stano (2004), o principal objetivo da pesquisa de clima é levantar informações que permitam melhorar as relações com os colaboradores, oferecendo, dentre outras, condições de trabalho adequadas, proporcionando oportunidades de desenvolvimento e estabelecendo um ótimo ambiente de trabalho. O desenvolvimento da pesquisa, segundo esses autores, deve contemplar:

- definição dos objetivos (a que a pesquisa se propõe?);
- definição de metodologia e técnica de coleta de informação (questionários, entrevistas e análise de documentos);
- tabulação e análise estatística de dados (quantitativa e qualitativa);
- apuração e análise de resultados (por área e segmento);
- elaboração do relatório final;
- retorno aos envolvidos.

Para Luz (2003), a implementação de uma pesquisa de clima usualmente contempla as etapas de: obtenção da aprovação e do apoio da direção, planejamento da pesquisa, definição das variáveis a serem pesquisadas, montagem e validação dos instrumentos de pesquisa, parametrização para tabulação das opções de respostas, divulgação/comunicação sobre a pesquisa, aplicação (coleta de dados), tabulação e emissão de relatórios, divulgação de resultados e definição dos planos de ação, tal como ilustrado na figura abaixo.

Etapas da pesquisa de clima

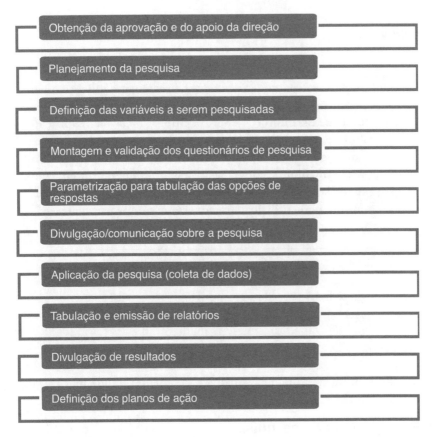

Essas etapas serão detalhadas a seguir.

◉ Obtenção da aprovação e do apoio da direção

A primeira etapa é muito importante e consiste na aprovação da diretoria para a realização da pesquisa. São fundamentais o apoio e o comprometimento da presidência e direção da empresa, pois a área de gestão de pessoas precisa desse suporte e "patrocínio" para dar credibilidade ao processo. Além disso, é imprescindível o engajamento e comprometimento de todos para implementar as mudanças que sejam necessárias e solucionar os problemas identificados com a pesquisa. Sem esse trabalho de venda interna, a realização da pesquisa de clima corre sérios riscos de não atingir os resultados desejados, perdendo, assim, credibilidade junto aos empregados.

ESTUDO DE CASO

Paula resolveu que já era hora de retomar a aplicação das pesquisas de clima na Alfa Limitada. Percebeu que sensibilizar os diretores sobre a importância da realização de pesquisas de clima era um fator crítico de sucesso. Começou, então, a pensar na melhor forma de fazê-lo, ou seja, em como "vender" essa ideia para obter apoio. Que sugestões você daria a Paula? Que indicadores você acha que ela pode utilizar para conseguir comprovar a necessidade e a importância de realizar a pesquisa?

_____
_____
_____
_____
_____
_____
_____

◉ Planejamento da pesquisa

Após obtidos a aprovação e o apoio da direção e presidência, é necessário planejar a pesquisa, definindo:
- objetivo;
- público-alvo;

Pesquisa de Clima Organizacional

- quem irá conduzi-la;
- técnica que será utilizada;
- periodicidade;
- preparação dos gestores;
- abrangência;
- necessidade de distribuir funcionários em outros departamentos para evitar sua identificação.

Normalmente as pesquisas de clima organizacional visam identificar oportunidades de melhoria no ambiente de trabalho, uma vez que permitem saber quais aspectos devem ser mantidos e quais precisam ser melhorados. A pesquisa pode ainda:

- avaliar o grau de satisfação dos funcionários, em casos em que haja impacto de alguma mudança, como nos casos de fusões, aquisições ou mudança na direção da empresa;
- avaliar o grau de disseminação e aderência a valores culturais entre os funcionários.

Após o estabelecimento do objetivo ou objetivos da pesquisa de clima, o próximo passo é a definição do público-alvo, ou seja, é preciso estabelecer quem serão os participantes da pesquisa.

- Participarão apenas empregados? Os estagiários também serão ouvidos? Os terceirizados poderão participar da pesquisa?
- Será aplicada em todos os países, estados e cidades em que a empresa atua?

Outro ponto que precisa ser definido é quem vai conduzir a pesquisa, pois pode ser conduzida por uma equipe de Gestão de Pessoas da própria empresa, por uma consultoria especializada ou por meio de uma parceria entre ambas. O quadro a seguir apresenta algumas vantagens de cada uma das escolhas.

Condutor da pesquisa de clima e vantagens

Condutor	Vantagens
Área de GP da empresa	Menor custo, possibilidade do desenvolvimento de *know-how* interno e existência de maior confiança, visto que os profissionais da área de GP são conhecidos pelos empregados.
Consultoria especializada	Utilização de conhecimento especializado, existência de isenção (neutralidade) para perceber os problemas e transferência de atividades da área de GP para uma consultoria, o que não sobrecarrega a área.

Quando se opta pela utilização de uma consultoria, vários são os níveis de delegação que podem ser estabelecidos. A consultoria pode se responsabilizar por todas as etapas do processo ou auxiliar apenas em algumas etapas, como o fornecimento do *software* para a realização da pesquisa, aplicação dos questionários (impressos) e tabulação dos dados.

Para Pensar

Quem você considera que é mais adequado para conduzir uma pesquisa de clima? A área de gestão de pessoas da empresa, uma consultoria ou ambos? Pesquise na internet e tente descobrir como as empresas costumam atuar.

A técnica que será utilizada também é importante nesse processo. Existem três técnicas principais de pesquisa de clima organizacional: o questionário, a entrevista e o painel de debates. Vamos conhecer algumas características de cada uma dessas técnicas.

O questionário é a técnica mais utilizada. Sua grande vantagem é permitir o sigilo, o anonimato dos respondentes. Tem um custo relativamente baixo, permite uma aplicação maciça, mesmo quando a população-alvo está espalhada por diversas regiões, quando a empresa possui unidades em localidades distintas. Também permite o uso de perguntas cruzadas, nas quais é possível checar a consistência das respostas entre perguntas similares ou opostas.

A entrevista, por outro lado, quebra o anonimato dos respondentes, sendo essa a principal desvantagem da técnica, além de ser mais demorada que o questionário e exigir pessoas tecnicamente habilitadas para conduzi-la. Além disso, sua aplicação costuma ser mais cara, porém possibilita que as informações sejam mais aprofundadas e mais bem compreendidas. Normalmente não é aplicada em toda a população.

O painel de debates é outra técnica que pode ser utilizada. É um tipo especial de entrevista com um entrevistador e um grupo de entrevistados, geralmente de cinco a oito pessoas. É mais econômico que a entrevista, pois os entrevistados são submetidos em conjunto a essa técnica, porém existe quebra de sigilo dos participantes. Permite ainda explorar alguns temas/assuntos com maior profundidade e riqueza de detalhes.

Não é incomum a empresa optar por mesclar as técnicas anteriores, por exemplo, aplicando um questionário e depois fazendo entrevistas mais aprofundadas com alguns empregados ou líderes (ou vice-versa), ou, ainda, realizar um painel de debates com pessoas-chave da empresa, das mais diversas áreas e cargos e, a partir das informações coletadas, verificar os principais itens que devem constar no questionário.

Principais características das técnicas de pesquisa de clima organizacional

Questionário	Entrevista	Painel de debates
• Permite aplicação maciça, mesmo com dispersão geográfica dos respondentes. • Custo relativamente baixo. • É bem-aceito pelos respondentes. • Permite o uso de questões abertas ou fechadas. • Permite inclusão de perguntas cruzadas. • Exige clareza do vocabulário usado. • Deve ser testado e validado antecipadamente. • Permite o sigilo, o anonimato dos respondentes. • Permite aplicação eletrônica das perguntas. • Não exige espaço físico (local) apropriado para a obtenção das respostas.	• Quebra o anonimato da pesquisa. • Método mais demorado e caro que o questionário. • Exige pessoas tecnicamente habilitadas para a condução das entrevistas. • Obtém respostas verbais e não verbais. • Aplicada normalmente em uma amostra da população. • Técnica mais subjetiva que o questionário.	• Tipo especial de entrevista, com um entrevistador e vários entrevistados. • Mais econômico e menos demorado que a entrevista. • Permite a discussão dos assuntos, considerando diversos pontos de vista. • Quebra o anonimato da pesquisa. • Necessita de espaço físico adequado para a realização de entrevistas com os grupos de funcionários. • Aplicado normalmente em uma amostra de população. • Técnica mais subjetiva que o questionário.

▷ EXERCÍCIO DE APLICAÇÃO

Considerando sua ocupação atual, ou com base na ocupação de algum familiar ou amigo, analise as técnicas apresentadas e identifique a que seria mais adequada para a empresa em que atua. Caso não tenha acesso a informações de empresas, apresente sua opinião considerando os prós e contras das técnicas em questão.

Técnicas	Análise
Entrevista	
Questionário	
Painel de debate	
Técnica escolhida e justificativa:	

Oliveira (1995) recomenda o uso de outras técnicas de pesquisa, especialmente as de natureza qualitativa, como a observação (participante ou não), a análise de incidentes críticos e a análise documental para um diagnóstico mais completo do clima da empresa.

Outra definição importante é quanto à periodicidade de aplicação da pesquisa. Apesar de não haver uma regra fixa, válida para todas as empresas, normalmente a pesquisa é aplicada a cada dois ou três anos. Algumas razões para que as pesquisas de clima não sejam realizadas anualmente são: a solução dos problemas identificados na pesquisa pode necessitar de mais de um ano, o alto custo da pesquisa e dos investimentos necessários para a resolução dos pontos de melhoria identificados, e o trabalho operacional que a realização de uma pesquisa demanda.

Uma vez que a pesquisa de clima representa um retrato, uma foto da organização em um dado momento, ela deve ser realizada em momentos de neutralidade, ou seja, não deve ser aplicada em períodos de grande alegria ou tristeza, caso contrário, a "foto" tirada pode sair distorcida, não ser representativa da "normalidade" da empresa.

Merece atenção também a preparação dos gestores para a pesquisa, principalmente quando se tratar da sua primeira aplicação. Por mais estranho que possa parecer, os gestores precisam, sim, ser preparados para o processo avaliativo, visto que a variável gestão/liderança quase sempre está presente entre os itens a serem avaliados. Por isso, é importante um treinamento prévio dos gestores para prepará-los para as eventuais críticas que poderão receber e, mais que isso, para conscientizá-los de que o objetivo da pesquisa não é punitivo, mas sim de identificação de problemas que podem ser resolvidos ou minimizados a fim de que haja uma melhoria no ambiente de trabalho. Os gestores devem, portanto, compreender os objetivos da pesquisa e incentivar a participação sincera de seus subordinados.

Outro item que deve ser considerado é a abrangência da pesquisa: se será por amostragem (ocorre normalmente quando as técnicas escolhidas são painel de debates ou entrevistas) ou se contemplará todo o quadro funcional da empresa (ocorre normalmente quando se opta pela utilização do questionário).

Quanto à confidencialidade da pesquisa, para que ela seja mantida, alguns cuidados precisam ser tomados, como a redistribuição dos empregados de departamentos muito pequenos (menos de cinco) em outros departamentos, principalmente para fins de análise de resultados. Essa ação pode causar algum impacto na análise dos resultados da pesquisa, visto que, normalmente, realiza-se a tabulação também por setores/departamentos, pois uma empresa pode apresentar um clima bom na sua totalidade, mas, ao mesmo tempo, apresentar um clima ruim em um determinado setor ou em alguns departamentos específicos.

No planejamento da pesquisa de clima, pode-se utilizar a ferramenta do 5W-2H que é composta por sete partes, que seguem detalhadas na figura abaixo.

Detalhamento do 5W-2H

1W - *What*
O que deve ser feito?

2W - *Who*
Quem é o responsável por fazer?

3W - *Why*
Por que deve ser feito ou qual o benefício que isto trará?

4W - *Where*
Onde será feito ou em qual local será feito?

5W - *When*
Quando deve ser feito ou qual o cronograma a ser seguido?

1H - *How*
Como será feito ou qual o método utilizado?

2H - *How much*
Quanto custa para ser feito?

A ferramenta do 5W-2H também pode ser utilizada em várias outras atividades de gestão de pessoas, uma vez que se trata de uma ferramenta de planejamento.

A figura abaixo resume os itens relevantes que devem ser considerados quando do planejamento de uma pesquisa de clima.

Itens relevantes no planejamento da pesquisa de clima

- ✓ Estabelecimento de objetivo da pesquisa.
- ✓ Definição do público-alvo.
- ✓ Escolha de quem irá conduzi-la.
- ✓ Identificação da técnica que será utilizada.
- ✓ Estabelecimento de periodicidade de aplicação da pesquisa.
- ✓ Preparação dos gestores.
- ✓ Definição sobre a abrangência da pesquisa.
- ✓ Verificação da necessidade de distribuir funcionários em outros departamentos para evitar sua identificação.

Após a pesquisa ser planejada, é importante que sejam definidas as variáveis e perguntas que comporão a pesquisa.

⦿ Definição das variáveis a serem pesquisadas

Com a obtenção da aprovação, o apoio da direção e a realização do planejamento da pesquisa, devem ser definidas as variáveis que serão pesquisadas. Essa escolha depende tanto dos objetivos da pesquisa como da cultura da organização. As variáveis representam os assuntos que serão pesquisados, os grandes temas, os diferentes aspectos que podem causar satisfação ou insatisfação e a forma como os empregados percebem e reagem a cada uma delas.

▷ EXERCÍCIO DE APLICAÇÃO

Liste algumas variáveis que você acha que devem ser abordadas na pesquisa de clima organizacional na empresa em que atua. Caso você não trabalhe, considere a empresa em que amigos ou familiares atuam, ou então, realize o exercício considerando as variáveis que julgar serem mais relevantes independentemente da empresa.

_____

_____

_____

Dentre uma grande gama de variáveis, as empresas podem escolher quais utilizarão para sua pesquisa. É importante que todas sejam analisadas e depois escolhidas as mais importantes, considerando os objetivos específicos da pesquisa.

Luz (2003) sugere algumas variáveis possíveis de serem investigadas, como as expostas abaixo.

- Trabalho realizado
- Salário
- Benefícios
- Participação
- Supervisão/liderança/estilo gerencial/gestão
- Orientação da empresa para resultados
- Treinamento e desenvolvimento
- Integração entre os departamentos da empresa
- Relacionamento interpessoal
- Estabilidade no emprego
- Processo decisório
- Condições físicas de trabalho
- Relacionamento da empresa com os sindicatos e funcionários
- Carreira, possibilidades de progresso e realização profissional
- Pagamento dos salários
- Segurança do trabalho
- Objetivos organizacionais
- Comunicação
- Disciplina
- Imagem da empresa
- Estrutura organizacional
- Ética e responsabilidade social

Para Pensar

A empresa em que atua já realizou alguma pesquisa de clima organizacional? Com que periodicidade ela ocorre? Caso você não trabalhe, converse com amigos e familiares sobre o assunto.

▷ EXERCÍCIO DE APLICAÇÃO

Você já participou de alguma pesquisa de clima? Caso positivo, tente identificar quais variáveis foram utilizadas para aferir o clima. Caso nunca tenha respondido a nenhuma pesquisa de clima, faça uma busca na internet e tente identificar artigos ou matérias que permitam que você faça a análise proposta neste exercício. Após essa análise, compare com as variáveis que indicamos aqui com as mais frequentes em uma pesquisa de clima.

_____

_____

_____

_____

_____

_____

_____

_____

Recomenda-se que, de uma edição da pesquisa para outra, a empresa mantenha um bloco mínimo de perguntas para facilitar a comparação dos resultados entre as pesquisas, sendo possível verificar se houve melhora ou piora em relação ao resultado da pesquisa anterior ou se o clima permaneceu constante.

Apesar de não haver uma rigidez em relação ao número de variáveis a serem pesquisadas, deve-se considerar o público-alvo, a forma que as informações serão coletadas (entrevista, questionário impresso ou eletrônico e painel de debates) e a quantidade de perguntas que serão feitas sobre cada variável a fim de que a pesquisa não fique tão extensa a ponto de as pessoas não terem interesse em participar ou tão pequena que não consiga mensurar corretamente as variáveis pesquisadas.

Após identificadas as variáveis que serão pesquisadas, devem ser escolhidas as perguntas. Os instrumentos de pesquisa devem ser montados, testados, corrigidos e validados antes da aplicação final.

⊙ Montagem e validação dos questionários de pesquisa

É esse o momento em que serão construídos e validados o(s) instrumento(s) de pesquisa, o texto de apresentação da pesquisa (objetivo, importância, garantia de confidencialidade e anonimato) e as instruções para o seu preenchimento.

A técnica escolhida para a realização da pesquisa de clima direciona o tipo de instrumento que será construído. A técnica mais comumente aplicada utiliza questionários, que podem ser impressos ou preenchidos eletronicamente.

Tanto o questionário impresso como o eletrônico apresentam vantagens. O impresso pode ser utilizado quando os empregados não são alfabetizados digitalmente ou não possuem acesso a computadores para o preenchimento da pesquisa. A versão impressa, na dependência do público-alvo, é mais bem aceita, pois existe maior percepção da garantia da preservação do anonimato. A utilização dos questionários impressos deve prever a existência de recursos (pessoas, tempo, dinheiro, entre outros) para a tabulação manual das respostas, o que não ocorre caso um *software* de pesquisa seja utilizado, pois eles, normalmente, também permitem a tabulação eletrônica das respostas, proporcionando mais rapidez, menor chance de erro e menor custo, na maior parte das vezes. Existem *softwares* que disponibilizam o questionário para o preenchimento via *web*, porém a empresa pode também desenvolver um aplicativo interno para que as respostas sejam dadas apenas por aqueles localizados nas instalações da empresa.

Vale Saber

Hoje em dia é possível encontrar *softwares* – pagos ou gratuitos – com funcionalidades e "pacotes" diferenciados – que permitem que a coleta de dados seja feita via *web* e que possuem uma tabulação de respostas automatizada. Abaixo seguem alguns:
- **Qualtrics – http://www.qualtrics.com/**
- **Survey Monkey – http://pt.surveymonkey.com/**
- **Sphinx – http://sphinxbrasil.com.br/**
- **Google docs – https://docs.google.com/?pli=1# (opção formulários)**

É interessante consultar os *sites* para identificar as características e funcionalidades de cada ferramenta e, também, para verificar aquele que melhor se adapta às necessidades de sua empresa.

▷ EXERCÍCIO DE APLICAÇÃO

Navegue pelos *softwares* informados e por outros que porventura vier a descobrir e avalie qual deles seria o mais adequado à sua realidade. Sugerimos que essa avaliação seja feita de forma comparativa, considerando, entre outros, os itens abaixo listados.

- É gratuito?
- Caso haja custo, de quanto é? É um custo fixo ou varia na dependência da quantidade de respondentes?
- Existe senha de acesso por respondente?
- Fornece relatórios prontos com a tabulação das respostas?
- Existe limitação da quantidade de respondentes?
- Garante o sigilo do respondente?
- Possui interface amigável tanto para inserção das perguntas, como para o cadastramento das respostas?
- Qual o nível de dificuldade para inserir as perguntas e as escalas de resposta?

_____

_____

_____

_____

Na fase de montagem e validação do instrumento de pesquisa, as seguintes atividades devem ser realizadas:

- escolha das perguntas para cada variável;
- decisão sobre o uso de perguntas cruzadas;
- escolha das opções de resposta para cada pergunta;
- decisão de utilizar um ou mais cadernos de perguntas de acordo com o público-alvo;
- testagem e validação do instrumento de pesquisa.

A escolha de perguntas relativas às variáveis deve ser feita considerando que estas devem ser em número suficiente para cobrir o assunto pesquisado, ou seja, cada uma precisa conter uma quantidade razoável de perguntas. Devem-se utilizar também perguntas cruzadas (perguntas sobre o mesmo assunto) para que se possa verificar se há coerência nas respostas apresentadas. Caso não haja coerência, as respostas devem ser desconsideradas na tabulação.

Recomenda-se ainda a utilização de um mesmo conjunto de perguntas e variáveis nas pesquisas ao longo de suas diversas edições para que a empresa possa comparar os resultados obtidos em diferentes anos. Outro cuidado é a escolha de opções de resposta para cada pergunta. Devem ser evitadas opções ímpares, pois há o vício da tendência central, quando a pessoa tende a marcar a opção do meio para "não se comprometer". Alguns preferem evitar opções de resposta "sim" e "não" por acharem que forçam uma polarização: cabe a cada um identificar quais questões realmente quer "polarizar" e quais prefere graduar. Por exemplo: pedir para que seja feita uma ordenação de 1 a 10, ou que os itens preferidos ou menos preferidos sejam indicados. Na dependência do público-alvo, considerando, por exemplo, a escolaridade preponderante, pode-se optar ainda por uma escala que, além das opções escritas, apresente *emoticons* que permitam a visualização do que cada item da escala significa, tal como demonstrado na figura a seguir.

Escala com *emoticons*

Muito satisfeito   Satisfeito   Insatisfeito   Muito insatisfeito   Indiferente

No momento de escolha das perguntas para a composição do questionário de pesquisa, é importante considerar que nem todos os empregados podem ter condições de emitir opinião sobre todos os itens. Um item que vise aferir o nível de satisfação dos empregados com o refeitório da empresa, por exemplo, pode não ser aplicável aos empregados da área comercial, que não realizam suas refeições nas instalações da empresa. Cabe avaliar que questões devem ter uma opção de resposta "não se aplica" ou "não tenho opinião" para não obrigar que as pessoas respondam sobre itens que não se aplicam à sua realidade.

Deve-se ainda decidir se haverá perguntas abertas, discursivas, sem alternativa de resposta. Questões assim permitem que algumas opiniões sejam detalhadas, fornecendo informações mais qualitativas, que, em contrapartida, serão de mais difícil tabulação. É comum que abaixo de todas ou de algumas perguntas específicas seja disponibilizado um campo para comentários, cujo preenchimento não é obrigatório.

Outra decisão que deve ser tomada é se haverá um único tipo de questionário para todos os empregados ou se serão construídos modelos diferentes. Normalmente são construídos tipos diferenciados apenas nos casos em que existam diferenças acentuadas entre os respondentes, em situações, por exemplo, com empregados de baixíssimo nível de escolaridade.

O questionário deve ser também aplicado a um grupo-piloto a fim de que o instrumento de pesquisa possa ser validado. Nesse momento de teste, verifica-se se as perguntas estão bem formuladas, se houve algum problema de interpretação das instruções ou da apresentação da pesquisa, se os itens constantes no questionário realmente estão adequados aos objetivos pretendidos com a realização da pesquisa, entre outros pontos. Com o resultado dessa aplicação-piloto, o questionário pode precisar de algumas alterações para evitar distorções e interpretações errôneas.

▷ EXERCÍCIO DE APLICAÇÃO

Considerando as variáveis que você listou no exercício anterior, sugira algumas perguntas que podem ser feitas para aferir o nível de satisfação dos empregados com cada uma delas.

Variável	Pergunta

A seguir, veremos alguns exemplos de variáveis e perguntas usualmente utilizadas em pesquisas de clima. É importante observar que as perguntas, sua redação e alternativas de respostas devem estar adequadas ao público-alvo e à forma de condução da pesquisa e tabulação de resultados.

Trabalho realizado
- Você gosta do trabalho que faz?
  ( ) Sim   ( ) Não   ( ) Não tenho opinião

- O seu trabalho proporciona um sentimento de realização profissional?
  ( ) Sempre   ( ) Quase sempre   ( ) Raramente
  ( ) Nunca   ( ) Não tenho opinião

Benefícios
■ Ordene os benefícios que trariam mais satisfação para você, se concedidos pela empresa. Coloque 1 para o mais importante, 2 para o segundo mais importante e assim sucessivamente:
( ) Vale-refeição
( ) Plano de saúde
( ) Assistência odontológica
( ) Previdência privada
( ) Seguro de vida
( ) Vale-alimentação (para compras em mercados)
( ) Cesta básica
( ) Grêmio recreativo
( ) Outros (favor especificar) _____

Comunicação
■ Você se sente bem informado sobre o que acontece na empresa?
( ) Sempre   ( ) Quase sempre   ( ) Raramente
( ) Nunca   ( ) Não tenho opinião

■ A direção da empresa se comunica com os empregados sobre os assuntos de interesse geral?
( ) Sempre   ( ) Quase sempre   ( ) Raramente
( ) Nunca   ( ) Não tenho opinião

Gestão
■ Os empregados são tratados com respeito independentemente de seus cargos?
( ) Sempre   ( ) Quase sempre   ( ) Raramente
( ) Nunca   ( ) Não tenho opinião
■ Você recebe de seu superior imediato as informações necessárias para a realização de seu trabalho?
( ) Sempre   ( ) Quase sempre   ( ) Raramente
( ) Nunca   ( ) Não tenho opinião

Relacionamento interpessoal
■ Como você considera o relacionamento interpessoal no setor em que trabalha?
( ) Ótimo ( ) Bom ( ) Regular ( ) Ruim ( ) Não tenho opinião

■ Como você considera o relacionamento interpessoal na empresa de uma forma geral?
( ) Ótimo ( ) Bom ( ) Regular ( ) Ruim ( ) Não tenho opinião

Treinamento e desenvolvimento

- O treinamento que a empresa oferece o capacita a desenvolver de forma adequada o seu trabalho?
  ( ) Sim   ( ) Não   ( ) Não tenho opinião

- A empresa dá condições de treinamento/desenvolvimento para que você tenha um aprendizado contínuo?
  ( ) Sim   ( ) Não   ( ) Não tenho opinião

Ambiente de trabalho

- Tenho orgulho em trabalhar na empresa.
  ( ) Sempre   ( ) Quase sempre   ( ) Raramente
  ( ) Nunca   ( ) Não tenho opinião

- Gosto do ambiente de trabalho.
  ( ) Sempre   ( ) Quase sempre   ( ) Raramente
  ( ) Nunca   ( ) Não tenho opinião

As perguntas devem ser precedidas por uma apresentação que explique a pesquisa. Devem conter, minimamente, instruções de preenchimento, objetivos da pesquisa, prazo para a resposta e indicação de um contato, em caso de haver alguma dúvida com relação ao preenchimento das questões. Segue um exemplo de instrução utilizada para introduzir um questionário aplicado na forma impressa.

> *Caros Colaboradores,*
> *A pesquisa que estamos realizando objetiva conhecer melhor a opinião dos empregados sobre a empresa. Seus resultados serão utilizados para planejar ações para a melhoria de nosso ambiente organizacional e humano, reforçando nossos pontos positivos e trabalhando, sempre que possível, as oportunidades que porventura venham a existir.*
> *Pedimos que as perguntas sejam respondidas sinceramente e, caso alguma delas não corresponda à sua situação de trabalho, favor assinalar a alternativa "não se aplica".*
> *Você tem até o dia 01/02 para depositar suas respostas nas urnas situadas nos refeitórios e ao lado dos elevadores de cada andar.*

Reserve uns 10 minutos de seu tempo, em um local da empresa tranquilo e vazio, para responder as perguntas.
Caso haja alguma dúvida, entre em contato com Paulo pelo telefone XXXX-XXXX ou pelo e-mail duvidas@clima.com.br.
As informações são sigilosas, ou seja, os autores das respostas terão preservadas suas identidades.
Sua participação sincera é muito importante para nós!

Após a montagem e validação do instrumento de pesquisa, deve-se verificar como será feita a parametrização para a tabulação das opções de resposta.

⊙ Parametrização para tabulação das opções de respostas

A quinta etapa do processo é a parametrização. É o momento em que são criados parâmetros que facilitam a tabulação dos dados e avaliam a satisfação dos funcionários. Por exemplo:

O ambiente de trabalho no seu setor é bom?
( ) Sempre
( ) Quase sempre
( ) Raramente
( ) Nunca
( ) Não tenho opinião

Serão considerados satisfeitos aqueles que optarem por "sempre" e "quase sempre", e insatisfeitos os que marcarem "raramente" e "nunca". A resposta "não tenho opinião" deverá ser assinalada sempre que os funcionários não se sentirem aptos a dar uma resposta sobre o assunto, o que pode ocorrer, por exemplo, quando alguém que acabou de entrar na empresa não tem como avaliar seu líder ou quando a pergunta não se aplica a algum respondente (exemplo: avaliação do conforto do ônibus da empresa por parte de alguém que não utiliza esse tipo de transporte). No exemplo acima, existem quatro opções de resposta e uma adicional para aqueles que, por algum motivo, não podem responder a questão.

O quadro a seguir apresenta um exemplo de parametrização para identificar que tipos de resposta poderão ser classificados como "satisfação" e quais tipos corresponderão a "insatisfação".

Exemplo de parametrização

Satisfeito		Insatisfeito	
Sempre	Quase sempre	Raramente	Nunca
Muito satisfeito	Satisfeito	Insatisfeito	Muito insatisfeito
Excelente	Bom	Regular	Péssimo
Sim		Não	

Após definidas as formas de parametrização, é hora de informar aos integrantes da empresa sobre a realização da pesquisa de clima.

⊙ Divulgação/comunicação sobre a pesquisa

A sexta etapa é a de divulgação e comunicação sobre a pesquisa (relembre as etapas anteriores: obtenção da aprovação e do apoio da direção; planejamento da pesquisa; definição das variáveis a serem pesquisadas; montagem e validação dos instrumentos de pesquisa e parametrização para tabulação das opções de respostas). Deve ser feita por meio de todos os canais de comunicação disponíveis como *intranet*, *e-mails*, jornal interno, quadros de aviso, *blogs*, reuniões mensais, entre outros. Deve esclarecer os objetivos da pesquisa, apresentar informações sobre a forma de coleta de dados e prazo para a entrega das respostas, garantir a preservação do sigilo das opiniões apresentadas e informar sobre o comprometimento da alta direção e gestores da empresa com a pesquisa e seus resultados. É comum a utilização de diversas peças promocionais, tais como *banners*, *folders* e cartazes, além da realização de reuniões, *road shows* e palestras para explicar os objetivos da pesquisa e sua importância. A escolha dos canais de comunicação mais adequados dependerá dos recursos disponibilizados para a realização da pesquisa. Caso exista uma área de comunicação interna, ela poderá ser acionada para conduzir essa etapa de comunicação/divulgação da pesquisa.

Vale Saber

Road shows são apresentações realizadas, normalmente em várias cidades e/ou estados, para expor características e benefícios de produtos e serviços específicos. Pode ser considerada como uma poderosa ferramenta de *marketing* interno, principalmente em empresas dispersas geograficamente.

A comunicação é muito importante, pois o nível de adesão dos empregados dependerá dela e do apoio dado pela alta administração e gestores para essa atividade. É importante que todos compreendam os objetivos da pesquisa, período e forma de aplicação, coleta de dados e a confidencialidade das respostas.

> ▷ **EXERCÍCIO DE APLICAÇÃO**
>
> Chegou a hora de elaborar um plano de comunicação para uma pesquisa de clima. Um dos itens que deve ser planejado é como se dará a comunicação sobre a pesquisa aos empregados. Sugira um texto de *e-mail* ou um mural/quadro de avisos, considerando que a informação seja adequada ao público-alvo da empresa em que atua. Caso você não trabalhe, tente conversar com amigos e familiares sobre o assunto ou ainda, responda tendo como base sua percepção sobre o tema.
>
> _____
> _____
> _____
> _____
> _____
> _____
> _____

Confira um exemplo de comunicação que foi feita pela área de Gestão de Pessoas aos empregados, antes do início da pesquisa, por correio eletrônico (*e-mail*) a fim de informá-los e convidá-los a participar da pesquisa.

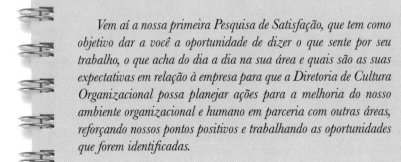

Vem aí a nossa primeira Pesquisa de Satisfação, que tem como objetivo dar a você a oportunidade de dizer o que sente por seu trabalho, o que acha do dia a dia na sua área e quais são as suas expectativas em relação à empresa para que a Diretoria de Cultura Organizacional possa planejar ações para a melhoria do nosso ambiente organizacional e humano em parceria com outras áreas, reforçando nossos pontos positivos e trabalhando as oportunidades que forem identificadas.

A pesquisa acontece entre os dias 5 e 13/06 (no Rio e São Paulo) e será realizada de duas formas: por meio da aplicação de questionários, em horários predeterminados, e de entrevistas individuais, com funcionários selecionados aleatoriamente.

A pesquisa é anônima. As suas opiniões e críticas não serão identificadas.

Confira na carta-convite anexada ao seu contracheque a data, horário e local em que você responderá a pesquisa e participe!

O resultado deste trabalho e os frutos que ele trará dependem do seu empenho para responder as questões. Esse é apenas o primeiro passo de vários outros que vão fortalecer cada vez mais nosso relacionamento.

Contamos com sua participação!

Para Pensar

Na empresa em que atua, o *e-mail* (correio eletrônico) é a forma mais adequada de informar os empregados sobre a realização da pesquisa? Na dependência da cultura da empresa, reuniões com apresentações presenciais e *road shows* podem ser mais adequados, mobilizando e sensibilizando as pessoas para a importância de sua participação. Caso você não trabalhe, converse com amigos e familiares sobre o assunto.

Após ter havido uma intensa comunicação sobre a realização da pesquisa e sua importância, é chegado o momento de realizar a coleta dos dados, ou seja, de aplicar a pesquisa.

⊙ Aplicação da pesquisa (coleta de dados)

O próximo passo é a aplicação da pesquisa, que pode ser de responsabilidade da própria empresa, de uma consultoria externa ou de ambos. A forma de aplicação depende da técnica escolhida, se serão realizadas entrevistas, aplicados questionários (via papel ou eletrônico) ou se serão realizados painéis de debates. O ponto principal é garantir o sigilo dos respondentes. É importante, ainda, estimar o esforço que será necessário para a tabulação das respostas. Uma pesquisa via questionário que tenha, por exemplo, 500 respondentes, com cerca de 20 perguntas que demandem respostas objetivas, precisará de menos esforços de tabulação do que uma pesquisa com 500 respondentes com 40 perguntas, 30 objetivas e 10 discursivas, por exemplo.

A pesquisa deve ser respondida, preferencialmente, no próprio local de trabalho e longe dos gestores e colegas de trabalho que possam influenciar as respostas dos pesquisados.

Para Pensar

Considerando a cultura de sua organização, qual seria a forma mais adequada de aplicar a pesquisa? Questionário, entrevista ou painel? Caso a opção seja utilizar questionário, este seria eletrônico ou impresso? No caso de questionário impresso, existe um local disponível para que as pessoas respondam às perguntas e a possibilidade de haver urnas disponíveis para coletar os questionários, que poderiam ser respondidos em qualquer lugar, em um prazo predefinido? Optando-se pelo questionário eletrônico, todos os empregados possuem computador com o acesso necessário para a realização da pesquisa e são alfabetizados digitalmente? Caso você não trabalhe, discuta esses questionamentos com amigos e familiares.

ESTUDO DE CASO

Paula, ao considerar que a Alfa Limitada atua no segmento industrial e possui colaboradores dispersos em diversos locais e estados diferentes, pensou em utilizar o questionário eletrônico. Ela descobriu, contudo, que 40% dos empregados não possuem acesso ao computador ou não possuem acesso à internet. Que sugestão você daria a Paula para resolver esse problema? Você acha que o questionário eletrônico é a melhor forma de conduzir essa pesquisa, considerando o público-alvo?

_____
_____
_____
_____
_____
_____
_____

Depois de terminado o prazo para a coleta de informações, as respostas dadas devem ser tabuladas e interpretadas, sendo os resultados consolidados em relatórios gerenciais que devem ser utilizados para a tomada das ações corretivas necessárias.

◉ Tabulação e emissão de relatórios

O próximo passo após a aplicação da pesquisa é a sua tabulação, que pode ser feita de diversas formas, por exemplo, por pergunta, sexo, faixa etária, variável, departamento, região, tempo de serviço, diretoria, entre outras. Tem como objetivo calcular o percentual de funcionários satisfeitos em relação aos diferentes assuntos pesquisados, usando os critérios de parametrização já definidos.

Após tabuladas as respostas, são emitidos relatórios detalhados com gráficos e comentários, frutos da interpretação dos resultados da tabulação. Alguns exemplos de gráficos e interpretações possíveis são apresentados a seguir.

Tabulação tempo de empresa

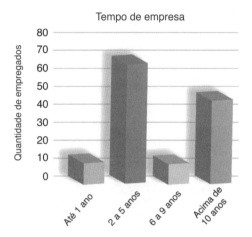

Pela figura é possível perceber que a maior parte dos empregados está na empresa ou entre 2 e 5 anos ou acima de 10 anos, o que pode indicar que houve uma rotatividade após esse período inicial de adaptação (2 a 5 anos), porém, as informações sobre outros itens da pesquisa é que possibilitarão compreender melhor esse gráfico.

Uma informação relevante que a pesquisa de clima nos fornece é a faixa etária dos respondentes. Ao realizarmos alguns cruzamentos, como o nível de satisfação, tempo de empresa e faixa etária, podemos compreender o que satisfaz ou não os empregados, considerando os fatores citados.

A figura a seguir detalha a faixa etária dos respondentes.

Faixa etária

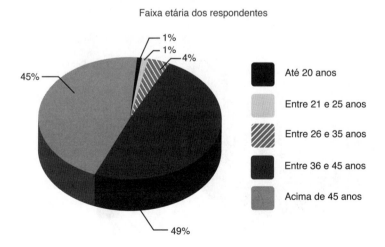

Nesse exemplo é possível perceber que se trata de uma empresa com uma população mais madura, com poucos jovens, o que pode indicar que a empresa terá, em breve, problemas, por exemplo, de sucessão, por não ter uma quantidade de jovens suficiente para oxigenar a organização.

Tabulação indicação amigo

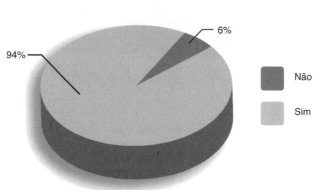

A figura acima indica que a maior parte dos empregados está satisfeita com a empresa, visto que indicaria um amigo para trabalhar ali.

Tabulação atendimento ao cliente externo

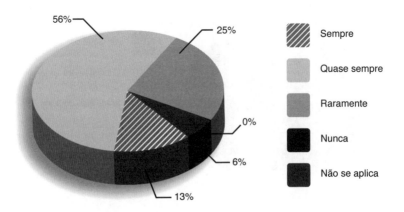

Apesar de o gráfico apresentado na figura anterior demonstrar que a maior parte dos respondentes possui sempre ou quase sempre a liberdade para fazer o que é necessário para proporcionar um bom serviço ao cliente, 25% relatam que raramente conseguem fazer isso e esse ponto merece uma investigação mais aprofundada, principalmente em se tratando de uma empresa de prestação de serviços. Pode-se dizer que cerca de 69% dos respondentes estão satisfeitos em relação a esse item.

A figura a seguir apresenta os principais pontos de melhoria na opinião dos respondentes. Pode-se dizer que os principais pontos de melhoria identificados são: oportunidades de crescimento, melhores salários e mais treinamentos.

Pontos de melhoria

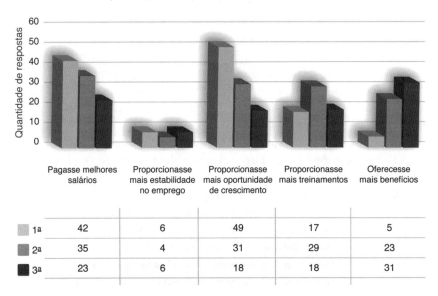

Os relatórios devem ser estruturados de forma clara e objetiva, podendo apresentar, dentre outras, as seguintes informações:
- introdução, objetivos, metodologia;
- percentual de adesão;
- caracterização da amostra;
- tabelas com frequência de respostas, médias, desvios padrões e índices de satisfação;

- representação gráfica dos resultados;
- comparações de resultados passados (se possível);
- análise qualitativa dos resultados (interpretação de dados);
- pontos fortes e pontos a melhorar;
- transcrição de comentários e de respostas das perguntas abertas, sempre que relevantes ou frequentes.

Depois da tabulação das respostas e da elaboração dos relatórios, é importante que a empresa compartilhe os resultados da pesquisa de clima com os diversos grupos que compõem a organização.

◉ Divulgação de resultados

A nona etapa é a divulgação dos resultados. A área de gestão de pessoas deve preparar o relatório geral da pesquisa para entregar à presidência e outros relatórios referentes à pesquisa para cada diretoria. Alguns gráficos que podem ser divulgados nos relatórios foram detalhados no item de tabulação.

É importante destacar que, após a realização da pesquisa, deve haver a divulgação total ou parcial dos resultados a todos os funcionários e devem ser utilizados todos os meios de comunicação disponíveis na empresa para essa ação. Deve-se verificar os meios mais adequados, considerando as características da empresa e do público-alvo.

Segue um exemplo de texto de *e-mail* enviado pela área de Gestão de Pessoas para os líderes da organização, informando sobre a divulgação dos resultados da pesquisa de clima.

Prezados Gestores,

Em junho deste ano, a empresa realizou sua primeira Pesquisa de Satisfação, uma pesquisa muito especial que deu aos funcionários a oportunidade de dizerem o que sentem pela empresa, o que acham do seu dia a dia e as suas expectativas em relação ao seu trabalho.

Agora é o momento tão esperado de conhecermos os resultados. Essa comunicação acontecerá em três etapas: divulgação para a Diretoria, para os gestores e para todos os funcionários.

Serão apresentados os dados quantitativos e qualitativos – coletados por meio de entrevistas e comentários expostos nos questionários – em uma análise que permitirá um diagnóstico claro

e aprofundado sobre as respostas dos dois estratos pesquisados – Lideranças (divulgação exclusiva para líderes) e Funcionários.

Na última etapa de divulgação, serão apresentados os Resultados Gerais para todos os funcionários. Os Resultados Específicos de cada área serão divulgados posteriormente.

O próximo passo será trabalhar os pontos positivos e as oportunidades que forem identificadas na pesquisa por intermédio de Planos de Ação específicos para as áreas.

Para melhorar nosso ambiente organizacional e humano precisamos trabalhar em parceria. Todos nós – eu, você, nossas equipes e os líderes de todas as áreas – precisamos estar envolvidos nesta etapa. Contamos com você!

Com os resultados divulgados, é importante que ações sejam realizadas, tendo como base as informações coletadas e analisadas. É o momento de definir planos de ação.

⊙ Definição dos planos de ação

A última etapa é a definição dos planos de ação, que devem ter como objetivo melhorar os pontos críticos encontrados na pesquisa.

É muito importante que essa etapa seja realizada, pois a pesquisa de clima é uma forma de levantar informações que possam proporcionar melhorias no ambiente de trabalho. Não faz sentido realizar uma pesquisa de clima se não houver disponibilidade para a realização de mudanças.

Normalmente as áreas de Gestão de Pessoas coordenam uma comissão de trabalho, composta por representantes das diferentes áreas da empresa, para priorizar os problemas e elaborar planos de ação que serão apresentados à Diretoria da empresa. É fundamental que na fase de planejamento da pesquisa seja definido qual o percentual de insatisfação que será considerado crítico para fins de atuação da comissão de trabalho (por exemplo: 60% ou mais), pois, após a tabulação das respostas e a emissão dos relatórios, as variáveis críticas poderão ser facilmente identificadas.

Para elaborar um plano de ação, é importante considerar os fatores estrutura, processos e pessoas. Uma vez mais pode ser utilizada a técnica do 5W-2H para a elaboração do plano de ação.

Exemplo de ferramenta para detalhamento do plano de ação

1W - *What*

O que deve ser feito?

2W - *Who*

Quem é o responsável por fazer?

3W - *Why*

Por que deve ser feito ou qual o benefício que isto trará?

4W - *Where*

Onde será feito ou em qual local será feito?

5W - *When*

Quando deve ser feito ou qual o cronograma a ser seguido?

1H - *How*

Como será feito ou qual o método utilizado?

2H - *How much*

Quanto custa para ser feito?

A figura na sequência apresenta, de forma resumida, as etapas da pesquisa de clima organizacional que acabaram de ser detalhadas.

Etapas da pesquisa de clima organizacional

Obtenção da aprovação e do apoio da direção

Planejamento da pesquisa

Definição das variáveis a serem pesquisadas

Montagem e validação dos cadernos de pesquisa

Parametrização para tabulação das opções de respostas

Divulgação/ comunicação sobre a pesquisa

Aplicação da pesquisa (coleta de dados)

Tabulação da pesquisa (coleta de dados)

Divulgação de resultados

Definição de plano de ação

ESTUDO DE CASO

Ao conhecer melhor as etapas de uma pesquisa de clima, Paula se questiona sobre os motivos para a baixa participação dos empregados na última edição da pesquisa realizada na Alfa Limitada (houve apenas 30% de participação). Uma vez que não existem registros mais precisos sobre o processo, começa a tecer hipóteses para tentar explicar esse índice. O que você acha que pode ter ocorrido que contribuiu para a baixa participação dos empregados? Responda considerando as etapas que foram detalhadas neste capítulo.

Etapas	Análise
Obtenção da aprovação e do apoio da direção	
Planejamento da pesquisa	
Definição das variáveis a serem pesquisadas	
Montagem e validação dos questinários de pesquisa	
Parametrização para tabulação das opções de respostas	
Divulgação/comunicação sobre a pesquisa	
Aplicação da pesquisa (coleta de dados)	
Tabulação e emissão de relatórios	
Divulgação de resultados	
Definição dos planos de ação	

Vale Saber

Na Whirpool, o monitoramento da satisfação dos profissionais é feito por meio da Pesquisa de Clima, realizada a cada dois anos. Ela é aplicada a todos os colaboradores da América Latina. A última edição ocorreu em 2010 e registrou a favorabilidade de 82,7%, uma evolução de 7,2 pontos porcentuais em relação ao estudo de 2008. A adesão chegou a 97,6%, 6,2 pontos a mais que a pesquisa anterior. Alguns dos pontos fortes indicados pela Pesquisa de Clima foram: estratégia, negócio, imagem, foco no cliente, a condução dos negócios da companhia, segurança e condições de trabalho. Os itens que apareceram como oportunidades a serem trabalhadas, que foram as questões prioritárias para 2011, foram: gestão de pessoas, remuneração e benefícios. Mais detalhes sobre a Whirpool e sobre esse assunto podem ser encontrados em:

<http://www.whirlpool.com.br/Pessoas/colaboradores>. Acesso em: abr. 2012.

Clima organizacional e qualidade de vida no trabalho são assuntos intrinsecamente relacionados. Em um momento em que atração, retenção e motivação de talentos são temas relevantes, como garantir que a qualidade de vida no trabalho esteja na pauta de discussão dos profissionais que atuam na área de gestão de pessoas? Vamos conhecer um pouco mais sobre esse assunto.

 ## Resumo Executivo

- A pesquisa de clima é uma forma de possibilitar o planejamento e a implementação de ações de melhoria no ambiente interno, pois identifica os pontos fortes que devem ser reforçados e os pontos fracos que devem ser corrigidos, melhorados.

- Após a realização da pesquisa de clima, é de fundamental importância que os resultados sejam divulgados e analisados para a implantação de ações corretivas.

- A pesquisa de clima oferece a oportunidade de os funcionários participarem da empresa, expondo suas opiniões. É uma forma de as pessoas se sentirem ouvidas, respeitadas, e corresponsáveis pela empresa, o que impacta a satisfação e a produção (quantidade e qualidade).

- Um ponto muito importante em qualquer pesquisa de clima é que os respondentes sintam-se confiantes para apresentar sua opinião: o sigilo deve ser informado e garantido, caso contrário, os resultados encontrados podem não corresponder à realidade.

- São dez as etapas para a realização de uma pesquisa de clima: obtenção da aprovação e do apoio da direção, planejamento, definição de variáveis, montagem e validação dos cadernos de pesquisa, parametrização para tabulação das opções de respostas, comunicação sobre a pesquisa, coleta de dados, tabulação e emissão de relatórios, divulgação de resultados e definição dos planos de ação.

- Algumas variáveis que podem ser investigadas nas pesquisas de clima organizacional são: trabalho realizado, salário, benefícios, integração entre os departamentos da empresa, liderança, comunicação, progresso e realização profissionais, possibilidades de progresso profissional, relacionamento interpessoal, estabilidade no emprego, condições físicas de trabalho e segurança do trabalho.

- As pesquisas de clima organizacional podem ser realizadas, principalmente, por três diferentes instrumentos: entrevistas, painel de debates e questionários.

- As técnicas de pesquisa podem ser complementares, ou seja, é possível que a empresa utilize mais de uma técnica.

- Os questionários para a aferição da pesquisa de clima podem ser aplicados tanto em forma impressa como eletrônica.

- As pesquisas de clima podem ser realizadas pela área de Gestão de Pessoas da empresa, por uma consultoria especializada ou por ambas, sendo as responsabilidades e atividades compartilhadas.

- Normalmente as pesquisas de clima são realizadas com periodicidade bienal ou trienal.

Teste Seu Conhecimento

Vamos verificar o que aprendeu e fixar alguns dos conceitos mais importantes apresentados até aqui?

Caso a pergunta se refira à experiência profissional e você não a tenha, converse com amigos e familiares sobre o assunto, pesquise em revistas especializadas ou então apresente seu ponto de vista tendo como base o conteúdo aprendido neste capítulo.

Algumas sugestões de resposta seguem ao final do livro.

1. O que é e para que serve a pesquisa de clima?
2. Que tipos de contribuições a pesquisa de clima oferece para a gestão de pessoas?
3. Qual a importância da garantia de sigilo aos respondentes de uma pesquisa de clima?
4. Quais são as etapas de uma pesquisa de clima?
5. Cite e apresente algumas características principais das técnicas que costumam ser utilizadas na pesquisa de clima.
6. Cite algumas variáveis que podem ser utilizadas na pesquisa de clima.
7. É importante obter a aprovação e o apoio da direção para a realização de uma pesquisa de clima? Por quê?

Capítulo 5

Qualidade de Vida no Trabalho

*U*m aspecto que possui grande influência no clima organizacional é a qualidade de vida no trabalho.

As relações de trabalho mudaram, bem como a composição da força de trabalho. Temos muitas mulheres no mercado de trabalho e os jovens dividem espaço com profissionais mais experientes. Nesse cenário, alguns questionamentos se fazem relevantes: o que é Qualidade de Vida no Trabalho (QVT) para esses públicos tão distintos e como atrair e reter talentos com perfis tão diferentes?

Para Pensar

O que seria qualidade de vida no trabalho para você? Hoje em dia, o que você valoriza mais: alto salário, horário flexível, oportunidade de crescimento e progresso profissional, possibilidade de conciliar trabalho com vida pessoal? Reflita sobre os fatores que seriam mais importantes para você no momento de aceitar uma proposta de trabalho.

Não existe uma resposta certa e única sobre o que é a QVT e vários modelos têm sido propostos para seu estudo, monitoramento e implantação. Vamos conhecer um pouco mais sobre esses modelos a seguir.

É cada vez mais comum as pessoas passarem muito tempo em seu local de trabalho. Diante desse fato, muitas empresas investem em tornar a empresa um local em que trabalho e diversão se mesclem. O Google é um exemplo disso. Confira, acessando o endereço que segue, como é o ambiente de trabalho no Google: há salas de recreação, espaços para convivência, possibilidade de levar o animal de estimação para o trabalho, entre outros benefícios. Uma gestão que estimula a troca de ideias e a liberdade são apenas algumas das características que tornam o escritório do Google um importante fator de atração e retenção de talentos.
<http://www.sembrasil.com.br/noticias/o-ambiente-de-trabalho-no-google-brasil.html>. Acesso em: abr. 2012.

⦿ Histórico e conceitos

Apesar de não existir um consenso sobre quando apareceu o conceito de Qualidade de Vida no Trabalho (QVT), vamos considerar, assim como Fernandes (1996), que seu surgimento ocorreu em 1950 com os estudos de Eric Trist e outros pesquisadores no Instituto Tavistock, em Londres. Esse momento, contudo, não foi o primeiro em que a satisfação do trabalhador foi considerada. Pode-se dizer que desde a implantação da Administração Científica de Taylor (final do século XIX e início do século XX) esse tema vem sendo estudado.

Para Taylor, a administração deveria ter o objetivo de assegurar o máximo de riqueza, tanto para o patrão como para o empregado. Partindo do pressuposto de que o ser humano era movido apenas pelo dinheiro, o foco era pagar altos salários e diminuir os custos de produção. Esse pensamento gerou uma organização racional do trabalho, marcada pela divisão de tarefas, especialização, hierarquia e padronização das atividades.

A intensa padronização, a prescrição de métodos e normas de trabalho e a separação entre o pensar, o planejar e o agir geraram uma desumanização do trabalho, altos índices de absenteísmo e rotatividade, baixa qualidade dos produtos e descontentamento dos trabalhadores.

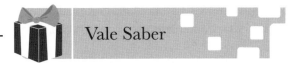

Vale Saber

O filme Tempos Modernos (*Modern Times*), de Charles Chaplin, mostra um retrato interessante da época de intensa racionalização e padronização dos trabalhos e atividades. Vale a pena conferir para melhor compreender o método de trabalho/produção utilizado na época.

Na década de 1930, como uma forma de reação contra a Administração Científica de Taylor, surgiu a Escola das Relações Humanas. Pode-se dizer que seu surgimento ocorreu após um experimento realizado por Elton Mayo e outros cientistas em Hawthorne, entre 1927 e 1932, em uma fábrica da Western Electric Company, em Chicago, no qual o objetivo era verificar a relação entre a intensidade da iluminação no ambiente de trabalho e a produtividade dos trabalhadores. Apesar de não ter sido encontrada relação entre essas duas variáveis, descobriu-se a influência de variáveis psicológicas no rendimento dos trabalhadores. Uma das conclusões do estudo foi que o nível de produção é influenciado por fatores como a integração social e o conteúdo do cargo.

A Escola das Relações Humanas trouxe grandes contribuições para a compreensão mais integral do ser humano, destacando aspectos psicológicos e o bem-estar do trabalhador como fatores de grande impacto no desempenho e nos resultados da organização. O termo qualidade de vida no trabalho ainda não existia, porém, nesse momento, sua semente estava sendo plantada.

O termo Qualidade de Vida no Trabalho (QVT) foi utilizado pela primeira vez por Eric Trist e outros pesquisadores do Instituto Tavistock, em 1950, no desenvolvimento da abordagem sociotécnica da organização do trabalho. O enfoque era melhorar a produtividade, reduzir conflitos e tornar a vida dos trabalhadores menos penosa, considerando a tríade indivíduo, trabalho e organização, com base na análise e reestruturação das tarefas. O pressuposto desse sistema é que o processo produtivo requer tanto a organização técnica como a social para alcançar seus objetivos.

O movimento pela QVT surgiu visando possibilitar o equilíbrio entre o indivíduo e a organização, considerando tanto as exigências e necessidades da tecnologia como as do trabalhador, ou seja, os cargos deveriam ser adaptados aos trabalhadores e à tecnologia da organização.

Na década de 1950 surgiu a Escola Comportamental, cujo foco era explicar o comportamento dos trabalhadores via motivação. São estudiosos dessa escola, entre outros, Maslow e Herzberg.

O movimento pela QVT ganhou força na década de 1960, quando, no campo da administração, desenvolveu-se a teoria contingencial, cujo preceito básico é o de que não existe um modelo único de gestão e de estrutura organizacional. Cada organização possui características distintas, sendo influenciadas pelo seu entorno, ou seja, pelo ambiente externo, composto por concorrentes, fornecedores e clientes.

Os trabalhadores começaram a ter maior atenção na década de 1960, quando, sobretudo nos Estados Unidos, houve maior preocupação com os impactos do emprego na saúde e no bem-estar dos trabalhadores.

Vale Saber

A origem etimológica da palavra trabalho vem do latim e significa *tripalium*, instrumento de tortura. Ao realizar uma retrospectiva histórica, é possível associar o trabalhador à figura de escravo, servo, imigrante, ou seja, a pessoas que, em épocas distintas, ficavam à margem da sociedade. Com o passar do tempo, houve uma modificação no significado do trabalho, que vem perdendo a associação ao sofrimento para ser uma fonte de satisfação e realização.

Para Pensar

Afinal de contas, onde um adulto passa a maior parte do tempo de sua vida? Se pensarmos em um dia com 24 horas, considerando a hora de almoço e sem considerar o tempo que a pessoa demora no deslocamento casa-trabalho e vice-versa, cerca de 40% do dia são dedicados ao trabalho. É impossível dedicar 40% de seu tempo a uma atividade que é considerada uma tortura, não é mesmo?

A procura pela melhoria das condições de vida do trabalhador em seu ambiente de trabalho despertou a curiosidade de estudiosos que, por meio da realização de pesquisas, auxiliaram na criação de leis e órgãos que buscam, até hoje, melhorar a qualidade de vida no trabalho.

Pode-se dizer que Qualidade de Vida no Trabalho é o conjunto de ações que a empresa realiza para implantar melhorias e inovações gerenciais, tecnológicas e estruturais no ambiente de trabalho. A construção da qualidade de vida no trabalho ocorre a partir do momento em que se olha a empresa e os trabalhadores como um todo: é o chamado enfoque biopsicossocial. Esse conceito origina-se na Medicina Psicossomática e propõe uma visão integrada do ser humano, segundo a qual cada pessoa pode ser compreendida em três níveis: biológico, psicológico e social.

No nível biológico, estão as características inatas ou adquiridas ao longo do tempo. Inclui metabolismo, vulnerabilidades e resistências físicas. Já o nível psicológico relaciona-se aos processos emocionais, afetivos e de pensamento, conscientes ou inconscientes, que moldam a personalidade e o modo de perceber e se relacionar com as pessoas e com o mundo. O nível social envolve os valores, as crenças e a forma de participação do indivíduo em todos os grupos de que faz parte.

O posicionamento biopsicossocial representa o fator diferencial para a realização de diagnóstico, campanhas, criação de serviços e implantação de projetos voltados para a preservação e desenvolvimento das pessoas durante o trabalho na empresa. Envolve um conjunto de ações de diversas áreas de conhecimento científico, tais como administração, economia, ecologia, engenharia, ergonomia, psicologia, saúde e sociologia (Limongi-França, 1996), tal como detalhado na figura a seguir. Essa abordagem considera a identificação, eliminação, neutralização ou controle de riscos ocupacionais observáveis no ambiente físico; a carga física e mental requerida para cada atividade; as implicações políticas e ideológicas existentes no trabalho; a dinâmica da liderança empresarial e do poder formal; o significado do trabalho em si e a satisfação do empregado no trabalho.

Contribuições das ciências ao estudo da QVT

Administração	Atua na capacidade de mobilizar recursos para atingir resultados em um ambiente complexo, competitivo e mutável.
Ecologia	Percebe o homem como parte integrante e responsável por preservar os sistemas dos seres vivos e os insumos disponibilizados pela natureza.
Economia	Considera que os bens são finitos e que sua distribuição, bem como de recursos e serviços, deve considerar a responsabilidade e os direitos da sociedade.
Engenharia	Elabora formas de produção para otimizar o armazenamento de materiais, uso da tecnologia, organização do trabalho, controle de processos, entre outros.
Ergonomia	Estuda as condições de trabalho e, com base na medicina, psicologia, motricidade e tecnologia industrial, objetiva aumentar o conforto na operação de trabalho.
Psicologia	Destaca a influência das percepções e perspectivas da vida de cada pessoa em seu trabalho, bem como a importância das necessidades individuais para o envolvimento com o trabalho.
Saúde	Atua sobre o controle de doenças e busca a preservação da integridade física, mental e social da pessoa, gerando avanços biomédicos e maior expectativa de vida.
Sociologia	Ressalta a dimensão simbólica do que é construído e compartilhado socialmente, apresentando suas implicações nos vários contextos culturais e antropológicos da empresa.

> ## Para Pensar
>
> Você sabe o que é uma doença ocupacional? Também conhecida como "a doença do trabalho", é aquela adquirida ou desencadeada em função de condições especiais em que o trabalho é realizado. Quais são as doenças ocupacionais que mais afetam seu cargo, sua área de atuação e o segmento de mercado da empresa em que atua? Conhecer os principais riscos ajuda na tomada de medidas preventivas para minimizar os riscos.

> Para mais detalhes sobre as doenças ocupacionais, consulte: <http://www1.previdencia.gov.br/pg_secundarias/paginas_perfis/perfil_Empregador_10_04-A5.asp>. Acesso em: abr. 2012.

Um caminho possível para obter maior produtividade e competitividade empresarial é realizar esforços para promover a melhoria da qualidade de vida dos empregados, visando aumentar sua satisfação no trabalho e elevar sua motivação e comprometimento para melhorar o posicionamento competitivo da empresa. Não faz muito sentido falar em qualidade do produto sem considerar a qualidade do ambiente de trabalho e as condições em que esse é realizado.

Lacaz (2000) prioriza duas questões sobre QVT: a melhoria da qualidade de vida geral como uma aspiração básica do ser humano, buscando evitar angústias no ambiente de trabalho e maior participação do funcionário nas decisões sobre sua vida profissional, englobando seu plano de carreira, suas motivações, seus direitos e deveres, entre outros. Essas duas questões buscam reduzir as doenças e acidentes relacionados diretamente ao ambiente de trabalho.

Para Huse & Commings (1985), alguns fatores, listados a seguir, se destacam em relação à qualidade de vida no trabalho.

- Existência de remuneração adequada ao mercado: o salário pago pela empresa é compatível com o oferecido no mercado?
- Garantia de segurança e saúde no ambiente de trabalho: o local de trabalho é limpo e a segurança do trabalhador no desenvolvimento de suas atividades é assegurada?
- Desenvolvimento das capacidades humanas: a pessoa consegue aprender e se desenvolver nas atividades que desenvolve?
- Existência de estabilidade e oportunidades de crescimento profissional: a pessoa não sente ameaça de demissão e possui chances de se desenvolver profissionalmente, ou seja, crescer na estrutura da empresa?
- Adequado relacionamento com demais empregados e superiores: existe um clima de confiança e respeito entre os empregados e lideranças?
- Obtenção de direitos dos trabalhadores: a empresa assegura aos empregados todos os direitos garantidos por lei, tais como: adequadas condições de trabalho em termos de segurança e saúde, o pagamento é realizado no prazo correto, os direitos trabalhistas são respeitados?
- Consideração da vida profissional e pessoal dos funcionários em sua totalidade: é possível o empregado conciliar trabalho e vida pessoal? A jornada de trabalho permite que haja vida depois do trabalho?
- Percepção da relevância social do trabalho: até que ponto o empregado percebe o impacto de seu trabalho no mundo?

Para Pensar

Faça as perguntas que, segundo Huse & Commings, se destacam em relação à aferição qualidade de vida no trabalho para algum amigo ou familiar (ou então responda você mesmo) e verifique se as respostas seriam mais positivas (sim) ou negativas (não). Considerando as respostas, como você julga que está a qualidade de vida do respondente? Ele está feliz com o trabalho atual? Como está sua produtividade comparada com a de seus colegas?

A qualidade de vida no trabalho pode afetar a produtividade e ser um diferencial para empresa, uma vez que uma pessoa satisfeita e motivada tende a produzir melhor e com mais qualidade. É preciso haver uma visão holística de cada funcionário, considerando os aspectos psicológicos, políticos, econômicos e sociais. É importante investir nas pessoas, buscando minimizar os riscos ocupacionais por meio de cuidados com a segurança no ambiente de trabalho e com esforços físicos e mentais em cada atividade.

A Qualidade de Vida no Trabalho precisa ser analisada de forma ampla. Muitas vezes as empresas consideram a QVT relacionada apenas às atividades de saúde e segurança, e com isso acabam não a associando com a qualidade total e com a melhora do clima organizacional. Ações como investir em pesquisas sobre o clima organizacional são fundamentais para conhecer os funcionários e entender o que os motiva e os satisfaz, e melhorar a qualidade de vida no ambiente de trabalho.

Quando uma pessoa está satisfeita com o trabalho tende a ser mais comprometida e dedicada, porém, quando insatisfeita, tende a faltar, a se atrasar, a ter baixo envolvimento, a procurar novas oportunidades e até mesmo se demitir. A insatisfação no trabalho pode levar ao absenteísmo e à rotatividade e trazer uma série de doenças como estresse, problemas de coração, pressão e úlceras, tudo isso devido a tensão e pressão do ambiente de trabalho, que podem gerar elevados gastos com assistência médica nas organizações.

Um fator que pode ser considerado o "mal do século" e que afeta diretamente a saúde do trabalhador e a qualidade de sua vida no trabalho é o estresse, que será o próximo tópico abordado.

⊙ Entendendo o estresse

O estresse pode ser compreendido como qualquer tipo de aflição ou cansaço do corpo e da mente. É uma reação do indivíduo a uma adaptação, e pode gerar sintomas físicos, psicológicos e comportamentais. Não é, necessariamente, um mal a ser combatido. É necessário para gerar mobilização, porém, quando em excesso, ataca as defesas do organismo e afeta a saúde. De forma geral, três itens aparecem na conceituação do estresse: o estímulo, a resposta e a interação da pessoa com o ambiente.

Selye (1956) cunhou o termo Síndrome de Adaptação Geral (GAS) para caracterizar as três fases de resposta ao estresse:

- reação de alarme;
- fase de resistência;
- exaustão.

A primeira fase, a reação de alarme, é a resposta imediata psicofisiológica em que, após um choque inicial, existe uma ativação dos mecanismos de defesa, desencadeando uma reação de emergência. Alguns sintomas físicos podem ser associados a essa fase, tais como aumento da frequência cardíaca e da pressão arterial.

Se o estressor persistir, ou a reação de estresse continuar, segue-se a fase de resistência. Pode ser caracterizada por repercussões nos sistemas fisiológico, psicológico e social. A maior parte dos sinais e sintomas associados à reação de alarme desaparece à medida que o organismo se adapta à causa do estresse. O indivíduo percebe cansaço crônico, falta de concentração, irritabilidade, alterações nas funções gastrointestinais, sintomas de depressão, problemas com o sono, entre outros.

Se o ciclo de estresse não for interrompido, a pessoa pode entrar em exaustão, que é quando o organismo começa a dar sinais de deterioração, com o surgimento de doenças como as cardíacas, respiratórias, as associadas aos distúrbios alimentares, apatia, entre outras.

Na fase positiva do estresse – fase de alerta – a pessoa se mobiliza por meio da produção da adrenalina e a sobrevivência é preservada, havendo, frequentemente, uma sensação de plenitude. Na segunda fase, de resistência, a pessoa tenta, de uma forma automática, lidar com os estressores a fim de manter a homeostase interna. Se os fatores estressantes persistirem em frequência ou intensidade, ocorre a quebra da resistência do indivíduo e ele passa à fase de quase exaustão, quando o processo de adoecimento se inicia. Se não há alívio do estresse por meio da remoção dos estressores, ou pelo uso de estratégias de enfrentamento, o estresse atinge sua fase final, a de exaustão, quando podem ocorrer doenças como infarto, úlceras, depressão, entre outras. Não é necessário que a GAS se desenvolva até o final para que haja estresse, e, evidentemente, apenas nas situações mais graves se atinge a última fase, a de exaustão. A figura abaixo resume as três fases de reação ao estresse.

Fases de reação ao estresse

Qualidade de Vida no Trabalho | **119**

A visão contemporânea sobre o estresse ressalta que sua existência não é por si só ruim ou boa. Existem dois tipos gerais de estresse, o eutress e o distress.

O eutress é definido como a tensão com equilíbrio entre esforço, tempo, realização e resultados. É uma força que acrescenta excitação e desafio à vida, contribuindo para a felicidade, a saúde e a longevidade. O distress, por outro lado, tem relação com a tensão e o rompimento do equilíbrio biopsicossocial; é quando existe uma tensão não aliviada que conduz à destruição, à doença e, em casos mais graves, à morte.

Muitos estímulos estressores são potentes o suficiente para desencadear o distress, mas diferentes formas de resposta individual ou grupal a esses estímulos devem ser consideradas, pois podem variar quantitativa e qualitativamente.

Para Pensar

Daniel Goleman criou o termo inteligência emocional. Ele defende a existência de dois tipos de inteligência, a intelectual e a emocional. Para ele, e para outros autores e profissionais, uma pessoa com alto QE, ou seja, com grande inteligência emocional, consegue lidar de forma mais eficiente com os estímulos estressores. E você, o que acha? Sugiro que leia, antes de emitir sua opinião, uma entrevista dada pelo Daniel Goleman, que pode ser acessada no endereço: <http://www.abrae.com.br/entrevistas/entr_gol.htm>. Acesso em: jun. 2012.

O termo estresse ocupacional possui diferentes significados, e sua compreensão não é unânime entre os estudiosos. De forma geral, as definições de estresse ocupacional consideram três aspectos:

- **Estímulos estressores**: estímulos do ambiente de trabalho que exigem do empregado respostas adaptativas e que excedem a sua habilidade de enfrentamento. São normalmente chamados de estressores organizacionais.
- **Respostas aos eventos estressores**: respostas (psicológicas, fisiológicas e comportamentais) que os indivíduos emitem quando expostos a fatores do trabalho que excedem sua habilidade de enfrentamento.

■ Estímulos estressores-respostas: processo geral em que demandas do trabalho têm impacto nos empregados.

De modo geral, há uma tendência a considerar o estresse ocupacional um processo estressores-respostas, já que consiste no enfoque mais completo, englobando tanto o fundamentado nos estressores como o que tem como base as respostas dos indivíduos aos fatores estressores.

Apesar das particularidades de cada tipo de definição e modelo para explicar o estresse ocupacional, tem-se constatado um consenso entre os estudiosos de que as percepções dos empregados são mediadoras do impacto do ambiente de trabalho sobre a pessoa; para algo na organização ser um estressor, ele precisa ser percebido como tal pelo empregado.

O estresse ocupacional pode ser definido, portanto, como um processo em que o indivíduo percebe demandas do trabalho como estressores que, ao excederem sua habilidade de enfrentamento, provocam no sujeito reações negativas.

Existem algumas condições do trabalho que podem contribuir para o aparecimento do estresse:

■ Desenho das tarefas: pesada carga de trabalho ou carga inferior (ociosidade), pausas para descanso pouco frequentes, longas jornadas de trabalho e turnos, tarefas de rotina monótonas.

■ Estilo de gerenciamento: ausência de participação dos trabalhadores na tomada de decisões, comunicação precária na organização, ausência de reconhecimento ou de recompensa quando o trabalho é bem realizado.

■ Relações interpessoais: ambiente social pobre e ausência de cooperação e de apoio dos colegas e/ou dos supervisores, discriminação por idade, gênero, raça, etnia ou religião, exposição a violência, ameaças ou intimidação (assédio moral);

■ Papéis no trabalho: expectativas de trabalho conflituosas ou incertas, muita responsabilidade, porém pouca autoridade ou capacidade de tomada de decisões, ausência de uma descrição clara dos papéis.

■ Preocupações com a carreira: insegurança no trabalho e ausência de oportunidade de crescimento ou promoção, rápidas mudanças para as quais o trabalhador não está preparado.

■ Condições do ambiente: características físicas do ambiente que são desagradáveis ou perigosas, como: ruídos, exposição a riscos químicos ou biológicos, problemas ergonômicos, entre outros.

Condições do trabalho que contribuem para o aparecimento do estresse

Desenho das tarefas inadequado

Estilo de gerenciamento esquizofrênico ou opressor

Relações interpessoais ruins

Papéis no trabalho mal definidos ou superpostos

Falta de estabilidade

Condições do ambiente físico inadequadas ou perigosas

Existem ainda outras condições que conduzem ao estresse no trabalho e a outros problemas de saúde e segurança. Essas condições costumam ser denominadas fatores psicossociais do trabalho e compreendem os aspectos do trabalho em si e do ambiente, tais como: o clima ou a cultura da organização, as atividades laborais, as relações interpessoais no trabalho, a forma e o conteúdo das tarefas (variedade, alcance, caráter repetitivo e significado).

De forma geral, distinguem-se três tipos de respostas ao estresse: as fisiológicas, as psicológicas e as comportamentais. Essas respostas estão inter-relacionadas, ou seja, tanto impactam como são impactadas pelas demais. Vamos conhecer algumas respostas prejudiciais que as pessoas podem ter ao estresse:

- Fisiológicas: algumas das principais síndromes e doenças associadas e/ou provocadas pelo estresse ocupacional são: hipertensão arterial, distúrbios do sono, síndrome de *burnout* (esgotamento), distúrbios osteomusculares relacionados ao trabalho (DORT) ou lesões por esforço repetitivo (LER), comportamentos aditivos (como por exemplo tabagismo, alcoolismo e dependência de drogas) e gastrites.
- Psicológicas: baixa satisfação e envolvimento com o trabalho, tensão, ansiedade, depressão, fadiga psicológica, frustração, irritabilidade e *burnout* (esgotamento).
- Comportamentais: aumento da taxa de acidentes de trabalho e de erro, maior consumo de álcool e drogas no trabalho, comportamentos agressivos (tais como roubo e vandalismo) e comportamentos de fuga (como o aumento de absenteísmo e greves). Em nível pessoal, pode levar a comportamentos prejudiciais para a saúde como tabagismo e consumo excessivo de cafeína.

A figura a seguir resume os principais tipos de resposta prejudiciais à saúde que podem advir de situações de estresse prolongadas.

Tipos de respostas ao estresse

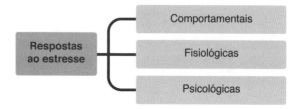

Para Pensar

E você, anda estressado? Vamos fazer um teste... Assinale os itens que têm sido frequentes em sua vida nos últimos três meses:

1. Dores de cabeça? ( ) Sim
2. Insônia? ( ) Sim
3. Transtornos alimentares, como comer demais ou falta de apetite)? ( ) Sim
4. Dor na parte inferior das costas (região lombar)? ( ) Sim
5. Problemas com úlcera ou gástricos? ( ) Sim
6. Mau humor? ( ) Sim
7. Extremidades (pés e mãos) frias? ( ) Sim
8. Nervosismo e/ou agressividade? ( ) Sim
9. Palpitações (aceleração do coração)? ( ) Sim
10. Dores nos músculos do pescoço e ombros? ( ) Sim

Quanto mais itens você tiver assinalado, maior a chance de você estar estressado. Caso você tenha assinalado seis ou mais itens, vale a pena repensar a vida e prioridades, identificando os principais agentes estressores e sua forma de lidar com eles.

Vale Saber

A Organização Internacional do Trabalho (OIT) disponibilizou para as empresas um *check list* de itens que precisam ser observados para a prevenção do estresse, que considera aspectos como: liderança e justiça no trabalho, demandas e nível de controle sobre o trabalho, suporte social, ambiente físico, equilíbrio entre trabalho e vida pessoal, reconhecimento, proteção contra comportamentos ofensivos, segurança e estabilidade no trabalho e fornecimento de informações e comunicação.

Consulte o documento na íntegra em:
<http://www.ilo.org/wcmsp5/groups/public/---dgreports/---dcomm/---publ/documents/publication/wcms_168053.pdf> Acesso em: abr. 2012.

ESTUDO DE CASO

Paula já ouviu, não de forma oficial, mas pela "rádio corredor", ou seja, por fofocas, que os empregados estão muito estressados e que isso tem impactado o clima da empresa. Resolveu, então, pesquisar indicadores que confirmem ou não o que está sendo dito. Que indicadores você acha que Paula deve tentar levantar para encontrar indícios sobre o nível de estresse dos empregados da Alfa?

Para tentar evitar doenças como as citadas, muitas empresas têm investido em programas de qualidade de vida.

⊙ Programas de qualidade de vida no trabalho

As empresas que querem atrair e reter talentos têm que investir em programas de QVT. A Qualidade de Vida no Trabalho representa hoje a necessidade da valorização das condições de trabalho em uma ampla gama de aspectos, tais como procedimentos da tarefa em si, ambiente físico e padrões de relacionamento. A mudança da natureza do trabalho tem sido o grande desafio para a emissão de respostas efetivas de gestão da qualidade de vida. No passado, o risco ocupacional era mais visível; hoje, contudo, existem outros riscos importantes, tais como o mental e o afetivo.

No Brasil, a realização de programas e ações de qualidade de vida no trabalho ainda guarda pouca relação com a estratégia de competitividade da organização. O foco ainda recai em atividades e programas relacionados à saúde ocupacional e à segurança do trabalho, porém, sem associação a outros programas relevantes, tais como melhoria no clima organizacional e gestão pela qualidade total.

Normalmente a Gestão da Qualidade de Vida no Trabalho possui os seguintes enfoques:

- **Estratégico:** quando a preocupação com a QVT é declarada na missão e na política da empresa, com associação à imagem corporativa.
- **Gerencial:** quando a responsabilidade pela gestão da QVT é atribuída aos líderes da organização e existe associação a objetivos, metas e produtividade.
- **Operacional:** quando existem ações específicas visando ao bem-estar, mas sem alinhamento aos propósitos de competitividade, produtividade e desempenho no trabalho.

▷ EXERCÍCIO DE APLICAÇÃO

Na empresa em que atua, você percebe que a gestão pela qualidade de vida no trabalho é estratégica, gerencial ou operacional? Qual sua opinião sobre isso? Caso você não trabalhe, tente conversar com amigos e familiares sobre o assunto ou ainda, responda tendo como base sua percepção sobre o tema.

Os programas de gestão da QVT podem ter duração variada de duas semanas a dois anos e seguem o ciclo apresentado na figura abaixo.

Ciclo dos programas de QVT

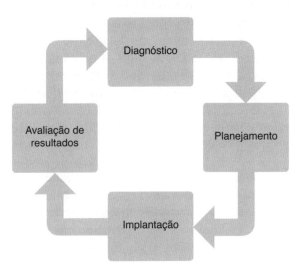

Muitas podem ser as ferramentas utilizadas no estudo da QVT, por exemplo:
- diagnóstico do clima organizacional;
- consulta a grupos de trabalho e comissão de QVT;
- indicadores diversos, tais como relatórios médicos, índice de rotatividade e absenteísmo, quantidade de acidentes de trabalho (com e sem afastamento);
- mapeamento do perfil sociofamiliar dos empregados.

Com base nessas ferramentas, a empresa pode atuar, segundo Limongi-França (1996), em três focos principais:
- **Sistemas de qualidade**: estabelecimento de políticas e programas de qualidade total (certificação ISO 9000, por exemplo).
- **Potencial humano**: enfoque na capacitação, motivação e desenvolvimento dos trabalhadores, entre outros.
- **Saúde e segurança**: ênfase nas condições e no ambiente de trabalho e na ausência ou minimização de riscos ocupacionais, entre outros.

▷ **EXERCÍCIO DE APLICAÇÃO**

Na empresa em que atua, quais são os focos principais dos programas de QVT implantados: sistemas de qualidade, potencial humano ou saúde e segurança? Caso você não trabalhe, converse com amigos e familiares sobre o assunto ou responda com base em leituras que tenha feito ou em sua percepção sobre o tema.

_____
_____
_____
_____
_____

Os programas de Qualidade de Vida no Trabalho no Brasil possuem focos diversos, porém os mais comuns são aqueles voltados para a implantação de ações de promoção da saúde, tais como: lazer, saúde e segurança, atendimento clínico e educação para a saúde, assistência psicológica, produtividade, redução de acidentes, absenteísmo e preservação do meio ambiente.

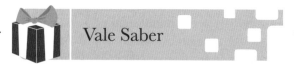

Vale Saber

É cada vez mais comum empresas patrocinarem ações voltadas para a promoção da saúde e bem-estar de seu quadro de empregados e familiares, estendendo-se, muitas vezes, para a sociedade em geral. A **Corrida + Vida 3M Boldrini** é um exemplo desse tipo de prática. A última edição da corrida contou com a participação de quase duas mil pessoas. Além de patrocinar o evento, a 3M bateu recorde de inscrições e levou 528 atletas para a competição. A corrida teve renda 100% revertida para o Centro Infantil Boldrini, hospital de referência nacional no tratamento de câncer infantil. Para mais detalhes, acesse: <http://solutions.3m.com.br/wps/portal/3M/pt_BR/Instituto3M/Home/Projetos/CorridaVida/>. Acesso em: abr. 2012.

Alguns programas de QVT são adotados por exigências legais, tais como: PCMSO, PPRA, CIPA e Semana Interna de Prevenção de Acidentes (SIPAT). Todas essas normas visam à proteção da saúde do profissional, em especial à eliminação de riscos que geram um grande número de acidentes de trabalho, com ou sem afastamento, além de mortes.

O PCMSO ou Programa de Controle Médico de Saúde Ocupacional é previsto pela Norma Regulamentadora NR-7, no Ministério do Trabalho, que determina que todos os empregadores ou instituições que admitam trabalhadores como empregados regidos pela CLT elaborem e implementem tal programa. O objetivo do PCMSO é a promoção e a preservação da saúde dos trabalhadores, bem como prevenção e diagnóstico precoce de doenças relacionadas às funções desempenhadas e ao ambiente de trabalho. O programa faz parte das iniciativas da empresa no campo da saúde do trabalhador. O planejamento e a implantação desse programa podem variar de acordo com os riscos e características próprias de cada empresa e de seus trabalhadores (idade, sexo, condições de trabalho, riscos ambientais, entre outros).

Já o PPRA (Programa de Prevenção de Riscos Ambientais) é estabelecido pela Norma Regulamentadora NR-9, da Secretaria de Segurança e Saúde do Trabalho e do Ministério do Trabalho. O PPRA objetiva definir uma metodologia de ação que garanta a preservação da saúde e integridade dos trabalhadores face aos riscos existentes nos ambientes de trabalho. A legislação de segurança do trabalho brasileira considera riscos ambientais os agentes físicos, químicos e biológicos. Para que sejam considerados fatores de riscos ambientais, estes agentes precisam estar presentes no ambiente de trabalho em determinadas concentrações ou intensidade, e o tempo máximo de exposição do trabalhador a eles é determinado por limites preestabelecidos.

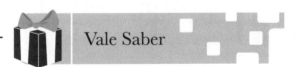

Vale Saber

Você sabia que o PCMSO e o PPRA variam de empresa para a empresa, na dependência do grau de risco da atividade desenvolvida? Verifique, junto ao departamento de pessoal ou área de gestão de pessoas da empresa em que trabalha, se consegue acesso a esses documentos. Vale a pena conhecê-los! Caso você não trabalhe ou não consiga acesso a esses programas, faça uma pesquisa. Você certamente encontrará modelos que contêm os principais itens que devem ser considerados quando da elaboração desses documentos.

Ah sim, tente descobrir também o que significa "grau de risco da atividade".

A CIPA ou Comissão Interna de Prevenção de Acidentes é um instrumento que os trabalhadores possuem para tratar da prevenção de acidentes do trabalho, das condições do ambiente do trabalho e dos aspectos que afetam sua saúde e segurança. É composta de representantes do empregador e dos empregados e tem como objetivo proporcionar um trabalho conjunto entre empregadores e empregados na prevenção de acidentes e melhoria na qualidade do ambiente de trabalho a fim de compatibilizar o trabalho com a preservação da vida e a promoção da saúde do trabalhador. A CIPA também tem por responsabilidade identificar os riscos do processo de trabalho e elaborar o mapa de risco, com a participação do maior número de trabalhadores e com a assessoria do Serviço Especializado em Engenharia de Segurança e Medicina do Trabalho (SESMT), que é uma equipe de profissionais a serviço das empresas, com a finalidade de promover a saúde e proteger a integridade física dos trabalhadores.

A SIPAT (Semana Interna de Prevenção de Acidentes no Trabalho) é uma semana voltada à prevenção, tanto no que diz respeito a acidentes do trabalho quanto a doenças ocupacionais. É uma das atividades obrigatórias para todas as Comissões Internas de Prevenção de Acidentes do Trabalho. Deve ser realizada pelo menos uma vez ao ano e é uma atividade feita em conjunto com o Serviço Especializado em Engenharia de Segurança e Medicina do Trabalho (SESMT). A SIPAT possui como objetivos orientar e conscientizar os funcionários sobre a importância da prevenção de acidentes e doenças no ambiente de trabalho e fazer com que eles pratiquem, de fato, a segurança. Na SIPAT, os assuntos relacionados com a saúde e a segurança do trabalho são evidenciados, buscando a efetiva participação dos funcionários, envolvendo, também, os diretores, gerentes e familiares.

Vale Saber

Para mais detalhes sobre a NR-7 e a NR-9, consulte:

NR-7 (PCMSO)
<http://portal.mte.gov.br/data/files/8A7C812D308E21660130E0819FC102ED/nr_07.pdf>

NR-9 (PPRA)
<http://portal.mte.gov.br/data/files/FF8080812BE914E6012BEF1CA0393B27/nr_09_at.pdf> Acesso em: abr. 2012.

Qualidade de Vida no Trabalho

▷ EXERCÍCIO DE APLICAÇÃO

Faça uma pesquisa nos endereços eletrônicos do Ministério do Trabalho e Emprego e identifique que itens devem ser abordados em um PCMSO e em um PPRA.

Muitos podem ser os programas de QVT implantados pelas empresas, sendo comum encontrarmos programas que envolvem:

- ginástica laboral;
- ambulatório médico;
- semanas internas de prevenção de acidentes (SIPAT);
- alimentação e saúde dos empregados e familiares;
- grêmio esportivo;
- vestiário;
- campanhas de conscientização (gripe, AIDS, alcoolismo, dengue, obesidade, entre outras);
- salas de descompressão;
- ioga;
- *shiatsu*;
- ergonomia;
- preparação para a aposentadoria.

Para Pensar

Você gostaria de trabalhar em uma empresa que proporcionasse alguns dos programas de QVT que foram citados? Qual o impacto que você julga que a adoção de programas assim tem na motivação dos empregados e no clima da organização? Investir em programas dessa natureza representa um bom investimento? Reflita sobre o assunto.

Vale Saber

A empresa Philips, preocupada com a saúde de seus funcionários, implementou o Programa Qualidade de Vida para estimular as pessoas a mudarem seu estilo de vida, a adotarem hábitos mais saudáveis e a se prevenirem contra doenças. Entre as ações do programa está o **Espaço + Vida**, um ambiente criado para proporcionar momentos de relaxamento, com serviço de massagem e jardim oriental. A Philips faz campanhas de prevenção a doenças e realiza ações contra o tabagismo, de imunização contra a gripe, e programas de reeducação e prevenção de dependência química, e saúde bucal. Conheça mais detalhes sobre a Philips e seus programas de QVT em: <http://www.sustentabilidade.philips.com.br/programa_qualidade_vida.htm>. Acesso em: abr. 2012.

ESTUDO DE CASO

Após ter anotado as oportunidades de melhoria em relação ao clima organizacional, Paula resolveu verificar se a Alfa Limitada possuía algum programa voltado para a qualidade de vida no trabalho, visto serem esses dois assuntos – Clima Organizacional e QVT – muito importantes para a atração e retenção de talentos. Paula descobriu a existência apenas dos programas de QVT obrigatórios por lei, ligados a Saúde e Segurança do Trabalho. Após essa descoberta, resolveu que valeria a pena propor a implantação de outros programas de QVT e resolveu fazer uma lista com cinco ações que a Alfa poderia desenvolver a curto prazo. Vamos ajudá-la a sugerir essas cinco ações?

1. _____
2. _____
3. _____
4. _____
5. _____

Após ter a lista pronta, Paula resolveu fazer uma pesquisa junto a alguns empregados formadores de opinião para identificar se as ações propostas vão ao encontro dos interesses dos empregados e estabelecer a prioridade de cada uma delas.

Qualidade de Vida no Trabalho 131

> ▷ **EXERCÍCIO DE APLICAÇÃO**
>
> Pesquise, na empresa em que atua, junto a amigos ou na internet, programas de Qualidade de Vida que você considere inovadores. Descreva-os e detalhe seus objetivos.
>
> _____
> _____
> _____
> _____
> _____
> _____
> _____

Vários modelos foram formulados para abordar a Qualidade de Vida no Trabalho, com muitos pontos em comum e algumas divergências. No próximo capítulo, serão apresentados alguns desses modelos.

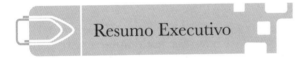

Resumo Executivo

- O surgimento do conceito de Qualidade de Vida no Trabalho (QVT) ocorreu em 1950, com os estudos de Eric Trist e outros pesquisadores no Instituto Tavistock, em Londres.

- O movimento pela QVT apareceu para possibilitar o equilíbrio entre o indivíduo e a organização, considerando tanto as exigências e necessidades da tecnologia como as do trabalhador, ou seja, os cargos devem ser adaptados aos trabalhadores e à tecnologia da organização.

- O estresse é uma aflição ou cansaço do corpo e da mente. É uma reação do indivíduo a uma adaptação e pode gerar sintomas físicos, psicológicos e comportamentais.

- A síndrome de adaptação geral (GAS) caracteriza as três fases de resposta ao estresse como: reação de alarme, fase de resistência e exaustão.

- O estresse ocupacional é um processo em que o indivíduo percebe demandas do trabalho como estressores que excedem sua habilidade de enfrentamento e provocam reações negativas.

- Condições do trabalho que contribuem para o aparecimento do estresse: desenho das tarefas, estilo de gerenciamento, relações interpessoais, papéis estabelecidos, preocupações com a carreira e local em que o trabalho é executado.

- Duas questões sobressaem no estudo da QVT: a melhoria da qualidade de vida geral, buscando evitar angústias no ambiente de trabalho e maior participação do funcionário nas decisões sobre sua vida profissional, englobando seu plano de carreira, suas motivações, seus direitos e deveres, entre outros.

- Enfoques possíveis na Gestão da Qualidade de Vida no Trabalho: estratégico, gerencial e operacional.

- Algumas ferramentas utilizadas no estudo da QVT são: diagnóstico do clima organizacional; consulta a grupos de trabalho e comissão de QVT; indicadores diversos, tais como relatórios médicos, índice de rotatividade e absenteísmo, quantidade de acidentes de trabalho e mapeamento do perfil sociofamiliar dos empregados.

- Considerando a QVT, a empresa pode atuar em três focos principais: sistemas de qualidade, potencial humano e saúde e segurança.

- Os programas mais comuns de Qualidade de Vida no Trabalho no Brasil são voltados para a implantação de ações de promoção da saúde, tais como: lazer, saúde e segurança, atendimento clínico e educação para saúde, assistência psicológica, redução de acidentes, absenteísmo e preservação do meio ambiente.

- São programas de QVT adotados por exigências legais: PCMSO, PPRA, CIPA e Semana Interna de Prevenção de Acidentes (SIPAT).

Teste Seu Conhecimento

Vamos verificar o que aprendeu e fixar alguns dos conceitos mais importantes apresentados até aqui?

Caso a pergunta se refira a experiência profissional e você não a tenha, converse com amigos e familiares sobre o assunto, pesquise em revistas especializadas ou então apresente seu ponto de vista tendo como base o conteúdo aprendido neste capítulo.

Algumas sugestões de resposta seguem ao final do livro.
1. O que é Qualidade de Vida no Trabalho (QVT)?
2. O que é PPRA?
3. O que é PCMSO?
4. Cite cinco programas relacionados à QVT que podem ser implantados.
5. Quais são as possibilidades de enfoque na Gestão da Qualidade de Vida no Trabalho?
6. Pesquise, na empresa em que atua, junto a amigos e familiares ou em revistas especializadas, exemplos de programas de qualidade de vida no trabalho desenvolvidos, hoje em dia, pelas empresas.
7. Indique quais os três tipos de respostas possíveis ao estresse e cite exemplos de como a pessoa pode responder ao estresse ocupacional.
8. Qual a relação entre o estresse ocupacional e as percepções do empregado?

Capítulo 6

Modelos da Qualidade de Vida no Trabalho

Os modelos de QVT oferecem um referencial para avaliação da satisfação dos trabalhadores, cada um enfatizando algumas categorias e indicadores que influenciam a Qualidade de Vida no Trabalho.

Vários autores desenvolveram modelos e propuseram critérios para a avaliação da QVT, num desdobramento da Abordagem Sociotécnica, das teorias de Maslow sobre a Hierarquia de Necessidades, das conclusões de McGregor sobre a natureza do homem, assim como das análises de Herzberg *et al.* sobre os fatores que interferem na situação de trabalho e no enriquecimento de cargos.

A seguir, serão detalhados os modelos de Emery e Trist, Walton, Hackman e Oldham, Westley e Werther e Davis, que apresentam propostas que privilegiam aspectos relativos à satisfação com as condições ambientais e com o trabalho realizado. Dentre outras, são sugeridas como alternativas para obter uma boa QVT, a reestruturação dos cargos, a reorganização dos postos de trabalho e a formação de equipes, com a participação dos trabalhadores na tomada de decisão.

Vamos iniciar apresentando o modelo desenvolvido por Emery e Trist.

⊙ Modelo de Emery e Trist

A partir de 1950, Eric Trist, do Instituto Tavistock de Londres, com seus estudos, demonstrou que a insatisfação dos trabalhadores no setor de minas no Reino Unido era menos motivada pelo salário do que pela organização do trabalho. Em suas pesquisas, procurou compreender as condições que levam ao comprometimento com o trabalho e propôs a chamada abordagem sociotécnica, que visa organizar o trabalho de forma a estimular o comprometimento e melhorar o desempenho organizacional.

A partir das pesquisas realizadas por Emery (1964, 1976) e Trist (1978), o trabalho deve apresentar seis propriedades para estimular o comprometimento de quem o realiza.

Propriedades do trabalho

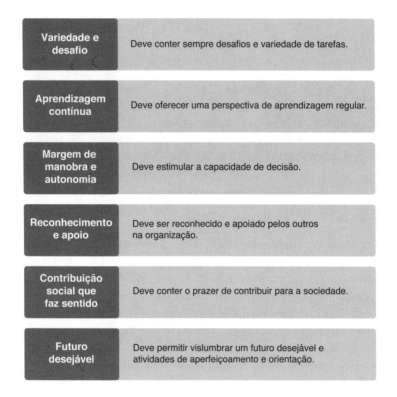

Para Pensar

Você acha que o seu comprometimento para com o trabalho pode ser estimulado caso seu empregado atual proporcione as seis propriedades indicadas por Emery e Trist? Sua reflexão corrobora ou contraria a ideia dos autores?

Além dos aspectos intrínsecos ao trabalho, essa abordagem considera alguns aspectos extrínsecos, como: um salário justo e aceitável, estabilidade no emprego, vantagens apropriadas, segurança, saúde e existência de processos

Modelos da Qualidade de Vida no Trabalho — **139**

adequados. Esses fatores contribuem de forma expressiva para a melhoria da qualidade de vida no trabalho e para o desempenho organizacional.

Outro modelo para o estudo da QVT foi proposto por Walton e será detalhado a seguir.

◉ Modelo de Walton

Para Walton (1974), oito critérios afetam de maneira mais significativa o trabalhador na situação de trabalho: condições de segurança e saúde no trabalho, compensação justa e adequada, oportunidade de uso imediato e desenvolvimento de capacidades, chances de crescimento contínuo e segurança de emprego, integração social na empresa, constitucionalismo, trabalho e espaço total de vida e relevância social da vida no trabalho. Vamos entender o que cada um desses critérios significa.

1. Condições de segurança e saúde no trabalho: envolve o estabelecimento de horários razoáveis, de condições físicas de trabalho que reduzam ao mínimo o risco de doenças e danos físicos, e o estabelecimento de limites de idade quando o trabalho é prejudicial ao bem-estar de pessoa acima ou abaixo de certa faixa etária.

2. Compensação justa e adequada: relação do salário com o esforço físico ou mental, com as habilidades requeridas, com a experiência, com a responsabilidade do cargo, com o estabelecimento de uma relação de proporcionalidade entre os diversos níveis de compensação na empresa (equidade interna) ou fora dela, considerando o mercado de trabalho (equidade externa).

3. Oportunidade de uso imediato e desenvolvimento de capacidades: nível de autonomia no trabalho, o quanto demanda a utilização de habilidades múltiplas, a existência de informações e de perspectivas, a complexidade de tarefas e a possibilidade de planejamento.

4. Chances de crescimento contínuo e segurança de emprego: oportunidade de carreira e de crescimento contínuo, considerando as dificuldades do trabalhador em face das suas limitações, relacionadas, por exemplo, à educação formal, que impedem ou dificultam o crescimento.

5. Integração social na empresa: natureza das relações interpessoais e o grau de identidade do trabalhador com a organização.

6. Constitucionalismo: existência de normas que estabelecem direitos e deveres. Deve haver o direito à privacidade, tratamento justo e liberdade de diálogo.

7. Trabalho e espaço total de vida: a experiência de trabalho pode afetar as demais esferas da vida do trabalhador, como as relações familiares.

É importante considerar o tempo e a energia que o trabalhador dedica à empresa e os impactos que isso pode acarretar em sua situação familiar. O nível de satisfação do trabalhador quanto à interferência do trabalho na vida privada deve ser avaliado por meio de questionamento sobre o balanceamento da jornada de trabalho, estabilidade de horários e mudanças geográficas que podem impactar a disponibilidade de tempo para o lazer e a família.

8. Relevância social da vida no trabalho: a forma irresponsável de agir de algumas empresas faz com que um número crescente de empregados deprecie o valor de seus trabalhos e carreiras, o que afeta a autoestima e sua produtividade. É importante verificar a atuação e importância da empresa (qual a imagem de empresa no mercado e perante seus colaboradores?), seu nível de responsabilidade social, sua preocupação com requisitos de qualidade dos produtos, com o cumprimento de prazos, com o ambiente, assim como com práticas predatórias.

Para Pensar

Hoje em dia, para você, quais dos oito critérios do modelo de Walton são mais importantes em uma oportunidade de trabalho? Com base em sua avaliação, você pode buscar oportunidades, ou novas oportunidades, de trabalho mais condizentes com os aspectos que você valoriza mais.

Modelo de Walton

- Condições de segurança e saúde no trabalho.
- Compensação justa e adequada.
- Oportunidade de uso imediato e desenvolvimento de capacidades.
- Chances de crescimento contínuo e segurança de emprego.
- Integração social na empresa.
- Constitucionalismo.
- Trabalho e espaço total de vida.
- Relevância social da vida no trabalho.

Outros teóricos que também propuseram modelos de QVT foram Hackman e Oldham.

◉ Modelo de Hackman e Oldham

Segundo esses autores, resultados como motivação interna, satisfação no trabalho, qualidade no desempenho e baixo absenteísmo e rotatividade são obtidos quando alguns estados psicológicos estão presentes em um determinado trabalho.

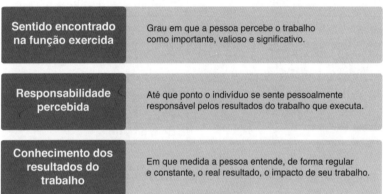

Quanto maior for a presença desses estados, maior será a motivação intrínseca do empregado com o trabalho. É uma motivação baseada no trabalho e não em recompensas exteriores. Os estados psicológicos são criados por meio de sete dimensões básicas do trabalho, expostas a seguir.

1. **Variedade de habilidades**: nível em que uma tarefa envolve uma variedade de atividades e requer dos executantes uma quantidade de diferentes habilidades e conhecimentos.
2. **Identidade da tarefa**: nível em que a tarefa é executada de forma completa, do início ao fim.
3. **Significado da tarefa**: nível em que a tarefa tem impacto significativo na vida ou no trabalho de outros.
4. **Autonomia**: nível em que a tarefa proporciona ao executante independência e liberdade de planejamento e execução.
5. *Feedback* intrínseco: nível em que a execução do trabalho fornece informações suficientes ao ocupante de cargo sobre a efetividade do desempenho.

6. *Feedback* extrínseco: grau em que a pessoa recebe informações claras de supervisores e colegas sobre o seu desempenho.
7. Inter-relacionamento: grau em que o trabalho requer que o indivíduo lide com outras pessoas, inclusive clientes.

O quadro abaixo resume a relação das dimensões básicas do trabalho com os estados psicológicos.

Dimensões básicas × Estados psicológicos

Dimensões básicas	Estados psicológicos
Variedade de habilidade Identidade da tarefa Significação da tarefa Inter-relacionamento	Sentido encontrado na função exercida
Autonomia	Responsabilidade percebida
Feedback intrínseco e extrínseco	Conhecimento dos resultados do trabalho

É importante haver satisfação com as variáveis de contexto que têm relação com o bem-estar e a satisfação do indivíduo em relação aos aspectos apresentados na figura a seguir. A insatisfação com os fatores contextuais pode reduzir o interesse em permanecer na empresa e impactar o comprometimento do empregado.

Variáveis de contexto e satisfação dos empregados

Possibilidades de crescimento	Chances de desenvolvimento na empresa para aqueles com bom desempenho.
Segurança no trabalho	Estabilidade no emprego, baixo risco de demissão a qualquer momento.
Compensação	Salários e benefícios.
Ambiente social	Relações cordiais e sem maiores conflitos no ambiente de trabalho.
Supervisão	Qualidade da supervisão recebida.

A partir do modelo desenhado por Hackman e Oldham (1975), a qualidade de vida no trabalho pode ser compreendida como uma resultante da combinação de dimensões básicas da tarefa − capazes de gerar estados psicológicos favoráveis ao trabalho − com variáveis de contexto do trabalho. Como resposta, temos atitudes e comportamentos como motivação, satisfação, desempenho e permanência no emprego, que podem ser maximizados por meio de cinco formas de atuação, os conceitos implementadores do enriquecimento de cargos, a saber:

- **Tarefas combinadas:** agrupamento de tarefas fracionadas, formando módulos de trabalho ampliados horizontalmente, aumentando a variedade de habilidades e identidade de tarefa.
- **Formação de unidades naturais de trabalho:** identificação de diferentes tarefas e agrupamento dessas em módulos significativos numa estrutura lógica, o que acarreta maior significação da tarefa e também reforça a identidade da tarefa.
- **Estabelecimento de relações diretas com o cliente:** estabelecimento de comunicações diretas entre os empregados e clientes externos ou internos, o que proporciona retroação e autonomia, envolvendo ainda maior variedade de habilidade.
- **Carga vertical:** integração vertical que enriquece o cargo com a adição de tarefas mais elevadas ou mesmo atividades gerenciais. Pode gerar mais satisfação porque reduz a distância entre planejamento, execução e controle do trabalho, que passam a ser atribuições do indivíduo, aumentando desta forma a autonomia.
- **Abertura de canais de retroação (*feedback*):** estabelecimento de tarefas que permitam obter informação sobre como a pessoa está realizando o seu trabalho (*feedback* intrínseco). O próprio trabalhador deve ter possibilidade de aferir o resultado de seu trabalho, o que dependerá do estabelecimento de normas e padrões, e da disponibilização de mecanismos de aferição.

Resumo do modelo de QVT de Hackman e Oldham

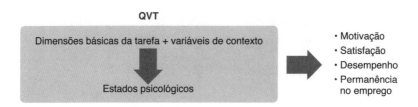

▷ EXERCÍCIO DE APLICAÇÃO

É possível elaborar um modelo de entrevista de desligamento que considere a satisfação do ex-empregado com os itens do modelo de QVT defendido por Hackman e Oldham? Tente formular perguntas com essa finalidade.

Outro modelo sobre QVT que vale a pena conhecer é o de Westley.

◉ Modelo de Westley

Westley (1979) considera que a qualidade de vida no trabalho pode ser estudada por meio de quatro indicadores: o econômico, o político, o psicológico e o sociológico, que são causas de injustiça, insegurança, alienação e anomia (ausência de leis e regulamentos), respectivamente. Para tentar resolver estes quatro problemas fundamentais e melhorar a QVT, Westley propõe a realização de ações cooperativas com a participação dos trabalhadores nas decisões e na divisão dos lucros, a adoção de um trabalho autossupervisionado, o enriquecimento de tarefas e a aplicação dos princípios sociotécnicos.

Para Pensar

Você acha que o Modelo de Westley, formado por quatro indicadores, proporciona uma compreensão adequada da QVT? Pesquise sobre a aplicação desse modelo e verifique sua opinião sobre o assunto.

Modelos da Qualidade de Vida no Trabalho

Indicadores para estudo da QVT, segundo Westley

Outros autores que propuseram um modelo de QVT são Werther e Davis.

⦿ Modelo de Werther e Davis

Para Werther e Davis (1983), a QVT está baseada em um projeto de cargo que considera fatores ambientais, organizacionais e comportamentais.

QVT e o projeto de cargo

Vamos entender melhor o que significa cada um desses fatores.
- **Ambientais:** representa a expectativa social e as habilidades e disponibilidade de empregados potenciais. O cargo não deverá ser tão complexo que obrigue a importação de trabalhadores, nem tão sim-

ples que gere "desconforto", quando a mão de obra disponível for mais instruída.

- Organizacionais: considera a identificação da tarefa no cargo, o estabelecimento de um fluxo coerente de trabalho e a adoção de métodos e processos para minimizar o tempo e o esforço do trabalhador.
- Comportamentais: considera a autonomia do indivíduo para assumir responsabilidade pelo trabalho, a variedade do cargo (que reduz o tédio e a fadiga), a identidade de tarefa (senso de realização e orgulho pelo resultado) e a retroinformação, que permite conhecer a repercussão do seu trabalho, favorecendo a motivação.

Para Pensar

Quais são as principais dificuldades que você acha que podem surgir ao se tentar adotar as premissas de Werther e Davis sobre como projetar um cargo?

▷ EXERCÍCIO DE APLICAÇÃO

É possível correlacionar a teoria dos dois fatores de Herzberg ao modelo de QVT defendido por Werther e Davis? Como você faria essa correlação?

Modelos da Qualidade de Vida no Trabalho

Os autores apontam uma incongruência em muitos dos projetos de cargo. Por um lado, os elementos comportamentais direcionam para o acréscimo de autonomia, variedade, identidade de tarefa e retroinformação. Porém, por outro lado, os fatores de eficiência, principalmente aqueles fundamentados na racionalização do trabalho (taylorismo e fordismo), apontam para maior especialização, menor variedade e autonomia mínima. Em resumo, tornar os cargos mais eficientes pode fazer com que sejam menos satisfatórios e, inversamente, cargos satisfatórios podem se revelar ineficientes. Para os autores citados, a eficiência pode estar associada a tarefas simples e ciclos curtos ou a atividades amplas e complexas, conforme o nível dos trabalhadores, procurando sempre eliminar dos cargos as causas de insatisfação que o trabalho pode gerar.

O desenho dos cargos deve evoluir de forma contínua e ser cada vez mais abrangente quanto mais elevado for o grau de instrução e o conhecimento dos empregados. Os trabalhadores situam-se nos mais variados níveis intelectuais e de exigências socioemocionais, alguns se adaptando melhor ao desenho de cargos simples e tarefas rotineiras, enquanto outros exigem cada vez maior complexidade das atividades e possibilidade de participação no planejamento do próprio trabalho.

▷ EXERCÍCIO DE APLICAÇÃO

Qual dos modelos apresentados neste capítulo seria o mais adequado para estudar a QVT na empresa em que atua? Por quê? Caso você não trabalhe, pesquise o assunto junto a amigos e familiares.

ESTUDO DE CASO

Paula, ao longo de seus estudos, por várias vezes pôde verificar a importância do *feedback* para a motivação, para a manutenção de um bom clima organizacional e para a criação e manutenção de um ambiente que proporcione qualidade de vida no trabalho. Ela não tem dúvidas de que o *feedback* deve ser constante e realizado, também pelos gestores, mas se pergunta sobre quais orientações podem ser dadas para que as pessoas sejam capazes de dar um *feedback* que seja, de fato, efetivo. Que sugestões você daria a Paula sobre o assunto?
Uma dica: o livro **Desenvolvimento Interpessoal**, de Fela Moscovici irá ajudá-lo a dar à Paula excelentes sugestões sobre como dar e receber *feedback*.

Resumo Executivo

- Os modelos de QVT oferecem um referencial para avaliação da satisfação dos trabalhadores. Cada um enfatiza algumas categorias e indicadores que influenciam na qualidade de vida no trabalho.

- Os principais modelos que tratam da QVT são: os modelos de Emery e Trist, Walton, Hackman e Oldham, Westley e Werther e Davis.

- Algumas alternativas para obter uma boa QVT são: a reestruturação dos cargos, a reorganização dos postos de trabalho e

Modelos da Qualidade de Vida no Trabalho — **149**

a formação de equipes, com a participação dos trabalhadores na tomada de decisão.

- De acordo com o modelo de QVT desenhado por Hackman e Oldhan, a Qualidade de Vida no Trabalho pode ser compreendida como uma resultante da combinação de dimensões básicas da tarefa com variáveis de contexto do trabalho. Como resposta, temos atitudes e comportamentos como motivação, satisfação, desempenho e permanência no emprego.

- Para Werther e Davis, a QVT está baseada em um projeto de cargo que considera fatores ambientais, organizacionais e comportamentais. Tornar os cargos mais eficientes pode fazer com que sejam menos satisfatórios e, inversamente, cargos satisfatórios podem se revelar ineficientes.

Teste Seu Conhecimento

Vamos verificar o que aprendeu e fixar alguns dos conceitos mais importantes apresentados até aqui?

Caso a pergunta se refira à experiência profissional e você não a tenha, converse com amigos e familiares sobre o assunto, pesquise em revistas especializadas ou então apresente seu ponto de vista tendo como base o conteúdo aprendido neste capítulo.

Algumas sugestões de resposta seguem ao final do livro.

1. Cite três modelos de estudo da Qualidade de Vida no Trabalho (QVT).
2. Considerando o modelo de QVT proposto por Walton, cite os oito critérios que afetam de maneira mais significativa o trabalhador na sua situação de trabalho.
3. Considerando o modelo desenvolvido por Emery e Trist, cite e explique quais são as propriedades que o trabalho deve ter para estimular o comprometimento de quem o realiza.
4. De acordo com o modelo de Hackman e Oldham, alguns resultados como motivação interna, satisfação no trabalho, qualidade no desempenho e baixo absenteísmo e rotatividade são obtidos quando alguns

estados psicológicos estão presentes em um determinado trabalho. Cite e explique esses estados psicológicos.

5. Segundo o Modelo de Westley, por meio de quais indicadores a QVT pode ser estudada? O que esses indicadores apontam em termos de problemas e como podem ser resolvidos?

6. Considerando todos os modelos de QVT apresentados, com qual deles você se identifica mais? Por quê?

Capítulo 7

A Chave para Atrair e Reter Talentos

Ao longo do livro foram apresentadas mudanças sobre a forma de pensar e agir sobre o trabalho e o trabalhador. Partindo de uma concepção de homem como uma máquina de produção, encontramo-nos hoje em uma época em que o ser humano e sua capacidade de pensar e agir são os grandes diferenciais competitivos de muitas empresas. Não é à toa que assuntos como atração e retenção de talentos, apagão de mão de obra, gestão por competências e gestão do conhecimento estão cada vez mais ganhando espaço nas discussões acadêmicas e empresariais. Movimentos como a implementação de Universidades Corporativas e de Áreas de Gestão do Conhecimento são cada vez mais observados, denotando uma grande preocupação das empresas com a criação, registro, disseminação e apropriação do conhecimento gerado pelas pessoas. Nesse contexto, a importância das pessoas como ativos e capitais intelectuais é muito clara.

Uma pessoa é diferente da outra. Os estímulos que atraem positivamente algumas pode ter efeito completamente oposto em outras. Além disso, o mesmo estímulo, na dependência do momento, pode ser percebido e valorado de forma diferente pela mesma pessoa. Conhecer cada empregado, suas aspirações, os estímulos que lhe são atrativos, é muito importante para que cada empresa possa oferecer soluções de gestão de pessoas adequadas ao seu público-alvo, considerando os objetivos estratégicos da organização.

A gestão do clima organizacional e da qualidade de vida do trabalho são duas ações muito importantes que devem ser realizadas pela área de Gestão de Pessoas em conjunto com os gestores da empresa. Não faz sentido falar sobre atração e retenção de talentos sem a preocupação com esses dois itens.

As pesquisas de clima organizacional e de qualidade de vida são apenas dois dos instrumentos que podem ser utilizados para melhor compreender a satisfação e motivação das pessoas que atuam em uma dada organização. Os resultados dessas pesquisas são indicadores que devem ser acompanhados regularmente e que só fazem sentido se forem tomadas ações corretivas para minimizar os problemas encontrados.

As empresas podem buscar ainda, com base nesses indicadores internos, *benchmarkings* externos. *Benchmarking* é a atividade de comparar os resultados de uma empresa com aqueles alcançados por outras organizações para avaliar o desempenho alcançado e identificar diferenciais favoráveis, que deverão ser mantidos, ou desfavoráveis, que deverão ser tratados. Por meio da utilização do *benchmarking*, é possível comparar processos e práticas entre empresas para identificar "o melhor do melhor" e alcançar um nível de superioridade ou vantagem competitiva. Além da comparação com o exterior, é importante que a empresa guarde registros históricos das informações a fim de verificar seu nível de evolução em cada um dos quesitos avaliados. A utilização de indicadores de desempenho em atividades de Gestão de Pessoas vem crescendo. Apesar disso, ainda é comum profissionais estranharem sua utilização quando o assunto são as pessoas.

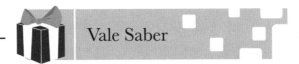

O trabalho "Resultados em RH: análise dos métodos propostos na literatura acadêmica" faz um levantamento e análise interessantes sobre as propostas encontradas na literatura para avaliação e mensuração de resultados da área de RH. Caso tenha interesse no assunto, consulte: <http://bibliotecadigital.fgv.br/dspace/handle/10438/2882>. Acesso em: jun. 2012.

Os indicadores, além de proporcionarem uma visão histórica dos resultados das atividades, permitem ainda a comparação com os índices encontrados em outras empresas. Isso é muito importante, pois permite identificar como a área de Gestão de Pessoas tem desempenhado suas atividades. Muitas vezes podemos achar que o nosso desempenho está aquém do que esperávamos (de acordo com parâmetros internos), porém, podemos descobrir que o mercado como um todo apresenta um indicador similar, o que permite interpretação e ação diferenciadas.

Os indicadores servem para acompanhar as atividades e devem ser utilizados para melhorar processos e superar os resultados. O objetivo nunca deve ser "medir por medir", mas sim medir para agir, para ajudar a empresa a alcançar os resultados que pretende.

ESTUDO DE CASO

Paula achou muito interessante aprender um pouco mais sobre os indicadores em gestão de pessoas. Percebeu que, considerando os grandes temas que são o foco atual de sua atenção – clima organizacional, motivação e qualidade de vida no trabalho – ela pode identificar e utilizar indicadores para acompanhar a evolução desses assuntos na empresa. Que indicadores você acha que Paula pode e deve utilizar a curto, médio e longo prazos?

_____
_____
_____
_____
_____

Em outras palavras, além de conhecer seu ambiente organizacional e qualidade de vida no trabalho a empresa deve buscar compará-lo com o de outras empresas, de acordo com critérios, tais como: porte da empresa, tipo de negócio, quantidade de empregados, perfil de mão de obra e faturamento. Além do "olhar para dentro" é importante "olhar para fora" e fazer comparações a fim de verificar como o mercado está se comportando em relação a esses assuntos.

Vale Saber

O Sextante Brasil realiza pesquisas sobre indicadores em Gestão de Pessoas e *benchmarking* e disponibiliza algumas matérias interessantes sobre o assunto.

Para conhecer um pouco mais, consulte: <http://www.sextantebrasil.com.br/imprensa.html>. Acesso em jun. 2012.

Um ponto que merece ser considerado, tanto pelos profissionais que atuam com gestão de pessoas como pela alta administração da empresa, é que a preocupação com o clima organizacional deve iniciar antes do ingresso do profissional na empresa, pois antes da admissão de qualquer pessoa, ainda no recrutamento, já existe o início da construção do contrato psicológico.

De forma geral, podemos dizer que existem dois tipos de contrato: o formal e o psicológico. O formal é aquele que legaliza a relação de trabalho e caracteriza, em termos legais, o vínculo entre empregado e empregador. O psicológico, por outro lado, representa o conjunto de crenças relativas às obrigações mútuas mantidas pelas partes na relação de trabalho e considera as expectativas dos dois lados envolvidos na relação: empresa e empregado. Possui como base a promessa, a retribuição e a aceitação voluntária. Inicialmente, a organização comunica suas expectativas no processo de recrutamento e seleção e as reforça, posteriormente, por meio de procedimentos e políticas internas de gestão, principalmente no que diz respeito à gestão de pessoas. O indivíduo, por sua vez, informa suas expectativas no processo de recrutamento e seleção e ao longo de sua socialização e integração à empresa. Ao longo da relação empregado-empregador, o contrato psicológico é constantemente redefinido, pois depende das contribuições dadas pelas partes envolvidas. A quebra do contrato psicológico resulta em expectativas não realizadas, perda de confiança e insatisfação no trabalho. Cabe ressaltar aqui a grande importância dos gestores, tanto no estabelecimento do contrato psicológico como em sua manutenção ou redefinição.

O conhecimento e acompanhamento do clima da empresa são muito importantes para que se possa aferir a qualidade do contrato psicológico. Não adianta a empresa realizar altos investimentos em recrutamento e seleção. Por exemplo: se o ambiente de trabalho é ruim, as pessoas são pouco cooperativas e as condições de trabalho não são adequadas. Tanto a pesquisa de clima como a de qualidade de vida no trabalho são excelentes formas por meio das quais a empresa pode conhecer as expectativas dos empregados e ter um diagnóstico do que pode ser melhorado.

Um ambiente de conformismo, sem discussão de ideias e trocas de ponto de vista, não denota um bom clima organizacional, muito pelo contrário. Um ambiente com bom clima organizacional e uma boa qualidade de vida no trabalho deve permitir e estimular a comunicação entre seus integrantes. A empresa deve sempre buscar identificar e entender os conflitos que possam existir, até mesmo porque muitos conflitos são produtivos e podem levar a organização a crescer. Um sério problema enfrentado por algumas empresas e grupos sociais de forma geral é denominado pensamento grupal, que é aquele em que manter a coesão e a solidariedade com o grupo é mais importante do que examinar os fatos de modo realista. O estado de pensamento grupal leva as pessoas a realizar um processo de tomada de decisão de qualidade inferior, pois o grupo não considera adequadamente as alternativas e não examina riscos da escolha realizada. Pesquisas constantes de clima organizacional e de qualidade de vida do trabalho, com a tomada de ações corretivas cabíveis, são excelentes ferramentas para identificar a existência de pensamento grupal por parte de alguns grupos na organização.

ESTUDO DE CASO

Ufa, quantas novas informações Paula recebeu! Além de todas aquelas relativas à nova empresa em que está ingressando, a Alfa Limitada, ela ainda aprendeu:
- motivação, sua definição, características e principais teorias;
- o conceito de clima e cultura organizacional;
- os indicadores de clima organizacional;
- o que é, a importância, como aplicar e analisar a pesquisa de clima;
- o que é a qualidade de vida no trabalho e qual sua importância;
- estresse, principais indicadores e programas preventivos;
- modelos e programas de QVT;
- importância da utilização de indicadores e de *benchmarkings* na gestão de pessoas, em especial em qualidade de vida no trabalho, motivação e aferição de clima.

Paula está animada, pois chegou a hora de arregaçar as mangas e colocar em prática o que aprendeu.

E você, que tal colocar em prática o que vimos ao longo deste livro?

Este livro, que agora chega ao final, antes de ser um estudo exaustivo e teórico sobre os temas aqui abordados (motivação, clima organizacional, pesquisa de clima, qualidade de vida no trabalho e modelos de estudo da qualidade de vida no trabalho), objetivou proporcionar ao leitor informações e metodologias para a aplicação em sua realidade de trabalho a fim de promover melhorias constantes nas políticas e práticas de gestão de pessoas. Espero que o objetivo tenha sido atingido e que você agora tenha condições de utilizar empiricamente alguns dos conceitos e práticas aqui mencionados.

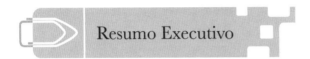

Resumo Executivo

- A pesquisa de clima organizacional e de qualidade de vida são apenas dois dos instrumentos que podem ser utilizados para melhor compreender a satisfação e motivação das pessoas que atuam em uma dada organização.

- Os resultados das pesquisas de clima organizacional e qualidade de vida são indicadores que devem ser acompanhados regularmente.

- Além de indicadores internos as empresas devem buscar *benchmarkings* externos.

- *Benchmarking* é a atividade de comparar os resultados de uma empresa com aqueles alcançados por outras organizações para avaliar o desempenho alcançado e identificar diferenciais favoráveis, que deverão ser mantidos, ou desfavoráveis, que deverão ser tratados.

- A preocupação com o clima organizacional deve iniciar antes do ingresso do profissional na empresa, pois antes da admissão de qualquer pessoa, ainda no recrutamento, já existe o início da construção do contrato psicológico.

- O contrato psicológico representa o conjunto de crenças relativas às obrigações mútuas mantidas pelas partes na relação de trabalho e considera as expectativas dos dois lados envolvidos na relação: empresa e empregado. Possui como base a promessa, a retribuição e a aceitação voluntária.

- A quebra do contrato psicológico resulta em expectativas não realizadas, perda de confiança e insatisfação no trabalho.

- Os gestores possuem um importante papel no estabelecimento e manutenção (ou redefinição) do contrato psicológico.

- Gerenciar o clima organizacional e zelar pela qualidade de vida no trabalho são fatores decisivos na atração e retenção de talentos.

Teste Seu Conhecimento

Vamos verificar o que aprendeu e fixar alguns dos conceitos mais importantes apresentados até aqui?

Caso a pergunta se refira à experiência profissional e você não a tenha, converse com amigos e familiares sobre o assunto, pesquise em revistas especializadas ou então apresente seu ponto de vista tendo como base o conteúdo aprendido neste capítulo.

Algumas sugestões de resposta seguem ao final do livro.

1. Qual a relação entre clima organizacional, qualidade de vida no trabalho, motivação e atração e retenção de talentos?
2. O que é contrato psicológico?
3. Qual a importância do contrato psicológico na atração e retenção de talentos?
4. O que é e para que serve o *benchmarking*?

Apêndice A

Formulário para Entrevista de Desligamento

*E*ste questionário tem como objetivo registrar sua opinião sobre o seu período de permanência na Empresa Alfa. Sua participação é importante para melhoria contínua de nossos processos. As informações apresentadas serão confidenciais e o respondente não será identificado. Contamos com sua colaboração!

Nome:_____

Cargo:_____

Data de admissão:_____

Data do desligamento:_____

Setor:_____

Supervisor:_____

1. Motivo da saída:
( ) redução de quadro ( ) demissão ( ) dispensa

1.1 Em caso de dispensa − Você sabe por que seus serviços foram dispensados?

_____

1.2 Em caso de demissão − Por que você pediu demissão?

_____

2. Qual o motivo principal que o levou a trabalhar nesta empresa?
( ) Perspectiva de desenvolvimento ( ) Necessidade de trabalhar
( ) Cargo/título proposto   ( ) Plano de benefícios
( ) Local próximo à residência   ( ) Não exigir experiência
( ) Salário   ( ) Porte da empresa
( ) Outros:_____

3. As informações que você teve durante o processo admissional sobre as condições de trabalho (tipo de serviço, horário, salário, benefícios etc.) refletiram de forma adequada à realidade?
( ) Sim ( ) Não

164 ———————————————————————————— Apêndice A

4. Você foi informado sobre as normas da empresa?
( ) Sim   ( ) Não

5. Como foi seu relacionamento com a supervisão?
( ) Excelente   ( ) Muito bom ( ) Regular   ( ) Ruim ( ) Muito ruim

6. O seu supervisor sinalizou suas deficiências no trabalho?
( ) Sempre ( ) Às vezes ( ) Nunca

7. Durante o período em que trabalhou, passou por algum programa de treinamento, cursos ou palestras?
( ) Sim   ( ) Não

8. Você tinha alguma autonomia para tomar decisões?
( ) Sim   ( ) Não

9. Qualidade da supervisão:
( ) Ótima ( ) Boa   ( ) Regular   ( ) Ruim   ( ) Péssima

10. As instruções lhe foram dadas de maneira que você pudesse compreendê-las e executá-las adequadamente?
( ) Sim   ( ) Não

11. O supervisor aceita críticas?
( ) Sim   ( ) Não

12. O supervisor aceita sugestões?
( ) Sim   ( ) Não

13. Existe algo que você deseje falar sobre a supervisão? (Sugestões ou críticas)

———————————————————————————————————————
———————————————————————————————————————
———————————————————————————————————————

14. Cite dois aspectos positivos da empresa.

———————————————————————————————————————
———————————————————————————————————————
———————————————————————————————————————

Formulário para Entrevista de Desligamento

15. Cite dois aspectos negativos da empresa.

16. Você voltaria a trabalhar na empresa?
( ) Sim   ( ) Não
Por quê?

17. Você voltaria a trabalhar nesta mesma função?
( ) Sim   ( ) Não
Por quê?

18. Cite aspectos agradáveis do seu trabalho.

19. Cite aspectos desagradáveis de seu trabalho.

20. Você teve alguma dificuldade em se adaptar ao trabalho?
( ) Sim   ( ) Não
Qual(is)?

Na sua opinião, por que você acha que estas dificuldades aconteceram?

Qual(is) sugestão(ões) você daria para melhorar o trabalho que exerceu na empresa?

_____

_____

21. Avalie seu nível de satisfação com os itens/serviços abaixo indicados.

Categoria/Grau	Excelente	Bom	Regular	Ruim	Péssimo
Recrutamento e seleção					
Serviço médico					
Departamento de pessoal					
Segurança do trabalho					
Ambiente de trabalho					
Condições de trabalho					
Treinamento					
Refeitório					
Limpeza					
Supervisão					
Processo de desligamento					

22. Você gostaria de acrescentar algo antes de encerrarmos esta entrevista?

_____

_____

Apêndice B

Formulário para Pesquisa de Clima

◉ Questões de qualificação

1. Há quantos anos você trabalha na empresa?
( ) Até 1 ano ( ) 2 a 5 anos ( ) 6 a 9 anos ( ) Acima de 10 anos

2. Em que faixa etária você se enquadra?
( ) Até 20 anos   ( ) Entre 21 e 25 anos   ( ) Entre 26 e 35 anos
( ) Entre 36 e 45 anos   ( ) Acima de 45

◉ Questões gerais

3. Você considera a empresa um bom lugar para trabalhar?
( ) Sim   ( ) Não   ( ) Não se aplica

4. No seu dia a dia você consegue perceber o compromisso da empresa com a qualidade dos seus produtos, serviços e processos?
( ) Sempre ( ) Quase sempre ( ) Raramente ( ) Nunca ( ) Não se aplica

5. Você conhece as prioridades e objetivos da empresa?
( ) Sim   ( ) Não   ( ) Não se aplica

6. O clima de trabalho da empresa é bom?
( ) Sempre ( ) Quase sempre ( ) Raramente ( ) Nunca ( ) Não se aplica

7. O progresso profissional das pessoas na empresa se dá com base no mérito de cada uma delas?
( ) Sempre ( ) Quase sempre ( ) Raramente ( ) Nunca ( ) Não se aplica

8. Você indicaria um amigo para trabalhar na empresa?
( ) Sim ( ) Não ( ) Não se aplica

9. A empresa desfruta de uma boa imagem entre os colaboradores?
( ) Sim ( ) Não ( ) Não se aplica

10. Você se considera bem informado sobre os planos futuros da empresa?
( ) Sim   ( ) Não   ( ) Mais ou menos ( ) Não se aplica

170 _____ Apêndice B

11. **As condições físicas de trabalho na empresa são satisfatórias (ruídos, temperatura, higiene, mobiliário etc.)?**
( ) Sim ( ) Não ( ) Mais ou menos ( ) Não se aplica
Espaço reservado para comentário sobre sua resposta.

_____

_____

12. **Você vê possibilidade de crescimento de carreira, em curto ou médio prazo, na empresa?**
( ) Sim ( ) Não ( ) Alguma possibilidade ( ) Não se aplica

13. **A empresa recompensa os desempenhos excelentes de seus colaboradores?**
( ) Sempre ( ) Quase sempre ( ) Raramente
( ) Nunca ( ) Não se aplica

14. **A empresa poderia melhorar se (assinale apenas três alternativas, colocando 1 na mais importante, 2 na de importância média e 3 na de menor importância):**
( ) Pagasse melhores salários
( ) Proporcionasse mais estabilidade no emprego
( ) Tratasse melhor as pessoas
( ) Proporcionasse mais oportunidades de crescimento
( ) Proporcionasse mais treinamentos
( ) Oferecesse mais benefícios
( ) Fosse um ambiente com menos pressão
( ) Proporcionasse um melhor equilíbrio entre trabalho e vida pessoal
( ) Outros (favor especificar)_____

15. **Existe um relacionamento de cooperação entre os diversos departamentos da empresa?**
( ) Sempre ( ) Quase sempre ( ) Raramente ( ) Nunca ( ) Não se aplica

16. **Indique as três principais razões pelas quais você trabalha na empresa. Coloque número 1 na principal, número 2 na segunda mais importante e 3 para a terceira mais importante.**
( ) Salário
( ) Estabilidade

Formulário para Pesquisa de Clima _____ **171**

( ) Ambiente de trabalho
( ) Autonomia no trabalho
( ) As chances de progresso profissional
( ) Confiança na gestão da empresa
( ) Benefícios oferecidos
( ) Possibilidade de equilibrar vida pessoal e trabalho
( ) Possibilidade de treinamento
( ) Reconhecimento
( ) Prestígio da empresa
( ) A falta de opção de um outro emprego
( ) Relacionamento com a chefia
( ) O trabalho que realizo
( ) Outros (informar) _____

17. Indique os dois principais fatores que geram mais insatisfação em seu trabalho. Coloque número 1 no fator que gera mais insatisfação e o número 2 no segundo maior fator de insatisfação.
( ) Falta de reconhecimento
( ) Falta de segurança no emprego
( ) Salário
( ) Falta de recursos
( ) Ambiente de trabalho ruim
( ) Falta de autonomia
( ) O trabalho que realizo
( ) Relacionamento com a chefia
( ) Falta de treinamento
( ) Sobrecarga de trabalho
( ) Falta de valorização dos funcionários
( ) Impossibilidade de crescimento profissional
( ) Outros (informar) _____

18. Os equipamentos dos quais dispõe permitem que você realize seu trabalho adequadamente?
( ) Sempre ( ) Quase sempre ( ) Raramente ( ) Nunca ( ) Não se aplica

Espaço reservado para comentários sobre sua resposta.
_____
_____

19. Você está satisfeito com o seguro de vida?
( ) Sim ( ) Não ( ) Não se aplica
Favor justificar sua resposta.

_____

_____

20. Você está satisfeito com o plano de saúde?
( ) Sim ( ) Não ( ) Não se aplica
Favor justificar sua resposta.

_____

_____

21. Você está satisfeito com o vale-refeição ?
( ) Sim ( ) Não ( ) Não se aplica
Favor justificar sua resposta.

_____

_____

22. Você tem liberdade suficiente para fazer o que é necessário para proporcionar um bom serviço ao cliente?
( ) Sempre   ( ) Quase sempre   ( ) Raramente   ( ) Nunca   ( ) Não se aplica

23. Você se sente satisfeito em relação ao seu salário?
( ) Muito satisfeito   ( ) Satisfeito   ( ) Insatisfeito
( ) Muito insatisfeito   ( ) Não se aplica

24. Você acha seu salário adequado ao trabalho que você faz?
( ) Sim   ( ) Não   ( ) Não se aplica

◉ Questões setoriais/departamentais

25. Na sua equipe de trabalho, pontos de vista divergentes são debatidos antes de se tomar uma decisão?
( ) Sempre   ( ) Quase sempre   ( ) Raramente   ( ) Nunca   ( ) Não se aplica

26. Você é informado pelo seu superior imediato sobre o que ele acha do seu trabalho?
( ) Sempre   ( ) Quase sempre   ( ) Raramente   ( ) Nunca   ( ) Não se aplica

Formulário para Pesquisa de Clima

27. Você participa da definição das metas e dos objetivos relacionados ao seu trabalho?
( ) Sempre   ( ) Quase sempre   ( ) Raramente   ( ) Nunca   ( ) Não se aplica

28. Você considera que seu trabalho é avaliado de forma justa pelos seus superiores?
( ) Sempre   ( ) Quase sempre   ( ) Raramente   ( ) Nunca   ( ) Não se aplica

29. Você recebe o reconhecimento devido quando realiza um bom trabalho?
( ) Sempre   ( ) Quase sempre   ( ) Raramente   ( ) Nunca   ( ) Não se aplica

30. Você participa juntamente com o seu superior imediato das decisões que afetam seu trabalho?
( ) Sempre   ( ) Quase sempre   ( ) Raramente   ( ) Nunca   ( ) Não se aplica

31. Seu superior transmite a você e aos seus colegas as informações que precisam conhecer?
( ) Sempre   ( ) Quase sempre   ( ) Raramente   ( ) Nunca   ( ) Não se aplica

32. Você se sente satisfeito em relação ao volume de trabalho que realiza?
( ) Sim   ( ) Não   ( ) Mais ou menos   ( ) Não se aplica

33. Como você classificaria a quantidade de treinamento (interno ou externo) que recebeu para capacitá-lo a fazer bem seu trabalho?
( ) Boa   ( ) Adequada   ( ) Insuficiente   ( ) Não recebi treinamento
( ) Não se aplica

34. Como você considera o relacionamento entre as pessoas em seu setor/departamento?
( ) Excelente   ( ) Bom   ( ) Regular   ( ) Péssimo   ( ) Não se aplica

35. Os colaboradores do seu setor/departamento sentem-se seguros no emprego?
( ) Sim   ( ) Não   ( ) Mais ou menos   ( ) Não se aplica

36. A quantidade de pessoas em seu setor de trabalho é:
( ) Menor do que a necessária   ( ) A necessária
( ) Maior do que a necessária   ( ) Não se aplica

174 ———————————————————————————— Apêndice B

37. Como você avalia a pressão que seu superior exerce sobre o seu ritmo de trabalho?
( ) Não há pressão ( ) Adequada ( ) Excessiva sempre
( ) Excessiva às vezes ( ) Não se aplica

38. Que sugestões você daria para tornar a empresa um lugar melhor para se trabalhar?

_____

_____

39. Por favor, utilize este espaço para opiniões/justificativas que julgue serem relevantes.

_____

_____

Obrigado por sua participação!

Apêndice C

Teste Seu Conhecimento – Respostas

Capítulo 1

1. **Era comum, no passado, a área de Gestão de Pessoas ser conhecida como DP, Departamento Policial ou Distrito Policial. O que pode ser compreendido dessa afirmação?**

   Resposta livre do aluno. Na resposta, pode ser ressaltado o papel que o RH teve no início de sua atuação, quando era mais operacional e voltado para o cumprimento da legislação trabalhista. Possuía uma atuação mais focada no controle e na punição. Por isso era conhecido também como "Distrito Policial".

2. **Muitas áreas de Gestão de Pessoas atuam de forma estratégica, como "parceiras do negócio". O que isso quer dizer?**

   Significa que atuam no sentido de dar suporte ao atingimento da visão e no cumprimento da missão da empresa. Seu foco não é mais o operacional das atividades, mas sim em como agregar valor à organização.

3. **Administrar as pessoas é uma atividade de linha e uma função de *staff*. Você concorda com essa afirmação? Dê exemplos.**

   Essa afirmação é, ou deveria ser, verdadeira. Cada gestor é responsável pela administração de uma série de recursos (por exemplo, dinheiro, equipamento, produção, entre outros), que representam a eficiência potencial da organização. Sem as pessoas, contudo, nada acontece, ou seja, cabe ao gestor administrar seu pessoal, considerando as políticas, práticas e normas estabelecidas pela área de Gestão de Pessoas. Como exemplo, podemos citar o papel do gestor em duas importantes atividades de gestão de pessoas: recrutamento e avaliação de desempenho. No recrutamento, cabe ao gestor identificar a necessidade de contratar um novo empregado e informar à área de GP quais as características e experiências necessárias para o adequado preenchimento da vaga; com base nessas informações "da linha", a área de GP irá divulgar a vaga para atrair a maior quantidade possível de profissionais potencialmente qualificados para ocupar as vagas em aberto. Na avaliação de desempenho, cabe ao gestor, utilizando os instrumentos estabelecidos pela organização, avaliar a *performance* do empregado e dar um *feedback* sobre pontos fortes e oportunidades de melhoria identificadas.

4. **A liderança possui um importante papel na atração e retenção de talentos? Explique.**

   Sim. Os líderes estão com os empregados a maior parte do tempo. Cabe aos líderes a importante tarefa de administrar sua equipe. Suas ações são percebidas e avaliadas a cada momento e, caso não sejam percebidas como justas, podem levar os empregados a quererem se desligar da empresa. Cabe ao líder conhecer seus empregados, identificar o que estimula cada um e zelar para que seja estabelecido um clima de trabalho positivo, que haja respeito, confiança e comunicação.

5. O que se entende por assédio moral e qual seu impacto no clima organizacional?

O assédio moral é uma forma de perseguição, humilhação e agressão psíquica provocada, por exemplo, por gestores, que impõem aos seus subordinados um estilo de gestão pelo medo. Gera ansiedade, desânimo, insônia, baixa autoestima e depressão, entre outros problemas. Quando praticado por gestores e direcionado a subordinados, pode causar sofrimento e silêncio do "agredido", que opta por se calar devido ao medo de perder o emprego. O assédio moral impacta negativamente o clima organizacional, ou seja, quanto maior sua ocorrência, pior será o clima da organização.

Capítulo 2

1. É correta a frase que ninguém motiva ninguém? Explique.

Sim, é correta, pois a motivação é um fenômeno intrínseco, ou seja, nasce das necessidades interiores de cada um. O que o ambiente oferece são estímulos, porém, cada um irá reagir de forma diferente a cada estímulo, sendo que a mesma pessoa, em diferentes momentos ou situações, pode reagir ao mesmo estímulo de diversas formas.

2. Dê um exemplo que justifique a afirmação de que a motivação é um fenômeno intrínseco.

Imagine que você está o dia todo sem comer, com muita fome. Entra alguém, no local em que você está, com um sanduíche com um odor MARAVILHOSO. Nesse caso, sua reação será, possivelmente, de atração pelo sanduíche; o "estímulo" sanduíche despertará em você uma vontade de comer algo. Se a situação, contudo, é outra, por exemplo, você acabou de chegar em casa de uma churrascaria rodízio e alguém aparece com o mesmo sanduíche, você possivelmente terá uma reação completamente diferente. Esse é um exemplo de que um mesmo estímulo pode gerar impulsos e ações diferentes na mesma pessoa, em momentos diferentes.

Teste Seu Conhecimento – Respostas

3. O que você entende quando falamos que as necessidades ou motivos não são estáticos, mas sim forças dinâmicas e persistentes que provocam comportamentos?

Significa que o que motiva uma pessoa hoje pode não mais motivá-la amanhã. O exemplo do sanduíche, na resposta anterior, exemplifica essa característica da motivação. Outros exemplos correlatos podem ser citados como exemplos.

4. Segundo Maslow, como funciona a motivação?

Para Maslow as necessidades estão organizadas em uma escala de importância e de influenciação do comportamento. A motivação decorre da satisfação de necessidades que podem ser hierarquizadas, isto é, as de nível mais baixo precisam estar satisfeitas para que as de nível superior possam despertar interesse. Na base estão as necessidades mais baixas e recorrentes, enquanto no topo estão as mais sofisticadas e intelectualizadas.

5. Cite, explique e exemplifique uma teoria de conteúdo da motivação.

Resposta livre. Pode ser escolhida qualquer uma das teorias de conteúdo vistas no capítulo, a saber: Hierarquia das Necessidades, ERC (Existência, Relacionamento e Crescimento), Teoria das Necessidades ou dos Dois Fatores da Motivação.

6. Cite explique e exemplifique uma teoria de processo da motivação.

Resposta livre. Pode ser escolhida qualquer uma das teorias de processo vistas no capítulo, a saber: Expectativas, Equidade e Estabelecimento de Objetivos.

7. Você conhece algum programa motivacional? Caso não conheça, converse com amigos, familiares ou pesquise na internet. Após essa identificação, detalhe o programa e tente correlacioná-lo a alguma das teorias sobre motivação vistas nesse capítulo.

Resposta livre.

8. Você consegue perceber alguma relação entre motivação, clima organizacional e qualidade de vida do trabalho? Explique.

Sim. O grau de motivação das pessoas impacta positiva ou negativamente o clima da organização e quanto maior a qualidade de vida no trabalho, maior tende a ser a motivação dos empregados. São assuntos diretamente interligados.

Capítulo 3

1. O que é clima organizacional?

Representa o estado de espírito ou do ânimo das pessoas, que predomina em um ambiente organizacional em um determinado período. É afetado pelos conflitos e por situações positivas e negativas que ocorrem no ambiente de trabalho e por fatores externos (contexto socioeconômico e político). Indica o nível de satisfação (ou de insatisfação) experimentado pelos colaboradores em seu ambiente de trabalho.

2. O que é cultura organizacional?

É o padrão compartilhado de crenças, suposições e expectativas dos integrantes de uma organização. Disponibiliza formas de pensamento, sentimento e reação que guiam a tomada de decisão e as ações.

3. A cultura organizacional pode ser compreendida em três níveis: artefatos, valores compartilhados e pressuposições básicas. Explique cada um desses níveis.

- Artefatos: representam o nível mais superficial e perceptível, apresentam os aspectos visíveis, tais como organograma, políticas e diretrizes, produtos e serviços, rituais de integração, padrões de comportamento e o vestuário das pessoas.
- Valores compartilhados: são aqueles considerados importantes e que definem a razão pela qual as coisas são feitas.
- Pressuposições básicas: são o nível mais profundo e oculto da cultura; são as crenças inconscientes, percepções e sentimentos; são as regras não escritas.

4. Qual a importância da entrevista de desligamento como forma de aferir o clima da organização?

Resposta livre. Em sua resposta, lembre-se de mencionar, entre outros itens: o que é a entrevista de desligamento, a entrevista de desligamento enquanto um indicador importante do clima organizacional e as variáveis que usualmente são abordadas em uma entrevista desse tipo.

Capítulo 4

1. O que é e para que serve a pesquisa de clima?

Trata-se de uma análise do ambiente organizacional, em seus diversos aspectos, de acordo com os funcionários da empresa. É uma ferramenta que permite detectar o grau de satisfação dos funcionários em um dado momento,

Teste Seu Conhecimento – Respostas **181**

em relação a diversos aspectos e verificar quais são os pontos fortes e fracos da organização. A pesquisa é uma forma de possibilitar o planejamento e a implementação de ações de melhoria no ambiente interno, pois identifica os pontos fortes que devem ser reforçados e os pontos fracos que devem ser corrigidos, melhorados. É um ponto de partida para a implantação de ações de melhoria, porém, se nada for feito com os resultados, terá um efeito inverso e os funcionários podem passar a ver a empresa com grande desconfiança, pois expectativas foram criadas, mas não concretizadas.

2. Que tipos de contribuições a pesquisa de clima oferece para a gestão de pessoas?
Possibilita o crescimento e o desenvolvimento dos funcionários, a otimização da comunicação, a diminuição da burocracia, a identificação das necessidades de treinamento, a integração entre os diversos processos e áreas da empresa e a otimização das ações gerenciais, tornando-as mais consistentes, dentre outras contribuições que podem ser citadas.

3. Qual a importância da garantia de sigilo aos respondentes de uma pesquisa de clima?
Os respondentes devem se sentir confiantes para apresentar sua opinião, o sigilo deve ser informado e garantido, caso contrário, os resultados podem não corresponder à realidade.

4. Quais são as etapas de uma pesquisa de clima?
As etapas de uma pesquisa de clima são:
• obtenção da aprovação e do apoio da direção;
• planejamento da pesquisa;
• definição das variáveis a serem pesquisadas;
• montagem e validação dos cadernos de pesquisa;
• parametrização para tabulação das opções de respostas;
• divulgação/comunicação sobre a pesquisa;
• aplicação da pesquisa (coleta de dados);
• tabulação e emissão de relatórios;
• divulgação de resultados;
• definição dos planos de ação.

5. Cite e apresente algumas características principais das técnicas que costumam ser utilizadas na pesquisa de clima.
As principais técnicas normalmente utilizadas na pesquisa de clima são: entrevista, questionário e painel de debates.

a) Características da entrevista

- Quebra do anonimato da pesquisa.
- Método mais demorado e caro que o questionário.
- Exige pessoas tecnicamente habilitadas para a condução da entrevista.
- Obtém respostas verbais e não verbais.
- Aplicada normalmente em uma amostra da população.
- Técnica mais subjetiva que o questionário.

b) Características do questionário

- Permite aplicação maciça, mesmo com dispersão geográfica dos respondentes.
- Custo relativamente baixo.
- É bem-aceito pelos respondentes.
- Permite o uso de questões abertas ou fechadas.
- Permite a inclusão de perguntas cruzadas.
- Exige clareza do vocabulário usado.
- Deve ser testado e validado antecipadamente.
- Permite o sigilo, o anonimato dos respondentes.
- Permite a aplicação eletrônica das perguntas.
- Não exige espaço físico (local) apropriado para a obtenção das respostas.

c) Características do painel de debates

- Tipo especial de entrevista com um entrevistador e vários entrevistados.
- Mais econômico e menos demorado que a entrevista.
- Permite a discussão dos pontos, considerando diversos pontos de vista.
- Quebra do anonimato da pesquisa.
- Necessita de espaço físico adequado para a realização de entrevistas com os grupos de funcionários.
- Aplicado normalmente em uma amostra da população.
- Técnica mais subjetiva que o questionário.

Teste Seu Conhecimento – Respostas **183**

6. Cite algumas variáveis que podem ser utilizadas na pesquisa de clima.

- Benefícios
- Disciplina
- Estrutura organizacional
- Objetivos organizacionais
- Pagamento dos salários
- Processo decisório
- Relacionamento da empresa com os sindicatos e funcionários
- Relacionamento interpessoal
- Supervisão/liderança/estilo gerencial/gestão
- Trabalho realizado
- Treinamento e desenvolvimento

- Participação
- Imagem da empresa
- Ética e responsabilidade social
- Comunicação
- Segurança do trabalho
- Condições físicas de trabalho
- Carreira, possibilidades de progresso e realização profissional
- Estabilidade no emprego
- Orientação da empresa para resultados
- Salário
- Integração entre os departamentos da empresa

7. É importante obter a aprovação e o apoio da direção para a realização de uma pesquisa de clima? Por quê?

Sim, porque os gestores e os diretores devem atuar como patrocinadores da pesquisa, demonstrando apoio e solicitando que seus subordinados participem. Uma vez que as pesquisas de clima são realizadas para a proposição de medidas corretivas, é importante contar com o apoio deles para que as ações necessárias para a melhoria do clima possam ocorrer.

Capítulo 5

1. O que é Qualidade de Vida no Trabalho?

É o conjunto de ações que a empresa realiza para implantar melhorias e inovações gerenciais, tecnológicas e estruturais no ambiente de trabalho. Envolve um conjunto de ações de diversas áreas de conhecimento, tais como administração, economia, ecologia, engenharia, ergonomia, psicologia, saúde e sociologia.

2. O que é PPRA?

É o Programa de Prevenção de Riscos Ambientais, que é estabelecido pela Norma Regulamentadora NR-9, da Secretaria de Segurança e Saúde do Trabalho, do Ministério do Trabalho. Objetiva definir uma metodologia de ação que garanta a preservação da saúde e integridade dos trabalhadores em face dos riscos existentes nos ambientes de trabalho. A legislação de segurança do trabalho brasileira considera riscos ambientais os agentes físicos, químicos e biológicos. Para que sejam considerados fatores de riscos ambientais, estes agentes precisam estar presentes no ambiente de trabalho em determinadas concentrações ou intensidade, e o tempo máximo de exposição do trabalhador a eles é determinado por limites preestabelecidos.

3. O que é PCMSO?

É o Programa de Controle Médico de Saúde Ocupacional, que é previsto pela Norma Regulamentadora NR-7, no Ministério do Trabalho, que determina que todos os empregadores ou instituições que admitam trabalhadores como empregados regidos pela CLT elaborem e implementem tal programa. Objetiva a promoção e a preservação da saúde dos trabalhadores, bem como prevenção e diagnóstico precoce de doenças relacionadas às funções desempenhadas e ao ambiente de trabalho. O programa faz parte das iniciativas da empresa no campo da saúde do trabalhador. O planejamento e a implantação do PCMSO podem variar de acordo com os riscos e características próprias de cada empresa e de seus trabalhadores (idade, sexo, condições de trabalho, risco ambiental, entre outros).

4. Cite cinco programas relacionados à QVT que podem ser implantados.

Entre outros, podem ser citados:

• PPRA, PCMSO e CIPA (programas legais, obrigatórios por lei);

• ginástica laboral;

• ambulatório médico;

• alimentação e saúde dos empregados e familiares;

• grêmio esportivo;

• vestiário;

• campanhas de conscientização (gripe, AIDS, alcoolismo, dengue, obesidade, entre outras);

• salas de descompressão;

• ioga;

Teste Seu Conhecimento – Respostas **185**

- *shiatsu*;
- ergonomia;
- preparação para a aposentadoria.

5. Quais são as possibilidades de enfoque na gestão da Qualidade de Vida no Trabalho?

- Estratégico: quando a preocupação com a QVT é declarada na missão e na política da empresa, com associação à imagem corporativa.

- Gerencial: quando a responsabilidade pela gestão da QVT é atribuída aos líderes da organização e existe associação a objetivos, metas e produtividade

- Operacional: quando existem ações específicas visando ao bem-estar, mas sem alinhamento aos propósitos de competitividade, produtividade e desempenho no trabalho.

6. Pesquise, na empresa em que atua, junto a amigos e familiares ou em revistas especializadas, exemplos de programas de qualidade de vida no trabalho desenvolvidos, hoje em dia, pelas empresas.

Resposta livre. Você pode pesquisar tanto programas obrigatórios por lei (vistos ao longo do Capítulo 4) como eletivos, adotados por liberalidade das empresas. Muitos deles estão voltados à saúde e à segurança do trabalhador e de sua família.

7. Indique quais são os três tipos de respostas possíveis ao estresse e cite exemplos de como a pessoa pode responder ao estresse ocupacional.

São três os tipos de respostas ao estresse: as fisiológicas, as psicológicas e as comportamentais.

- fisiológicas: hipertensão arterial, distúrbios do sono, Síndrome de *Burnout* (esgotamento), Distúrbios Osteomusculares Relacionadas com o Trabalho (DORT) ou Lesões por Esforço Repetitivo (LER), comportamentos aditivos (como por exemplo tabagismo, alcoolismo e dependência de drogas) e gastrites.
- psicológicas: baixa satisfação e envolvimento com o trabalho, tensão, ansiedade, depressão, fadiga psicológica, frustração, irritabilidade e *burnout* (esgotamento).
- comportamentais: aumento da taxa de acidentes de trabalho e de erro, maior consumo de álcool e drogas no trabalho, comportamentos agressivos (tais como o roubo e o vandalismo) e comportamentos de fuga (como o aumento de absenteísmo e greves).

8. Qual a relação entre o estresse ocupacional e as percepções do empregado?

O estresse ocupacional pode ser definido como um processo em que o indivíduo percebe demandas do trabalho como estressores que, ao excederem sua habilidade de enfrentamento, provocam reações negativas. Alguns fatores que podem gerar estresse em um empregado podem não ter o mesmo efeito em outros.

Capítulo 6

1. Cite três modelos de estudo da QVT?

A QVT possui vários modelos. Entre eles se destacam os concebidos por Emery e Trist, Walton, Hackman e Oldham, Westley e Werther e Davis.

2. Considerando o modelo de QVT proposto por Walton, cite os oito critérios que afetam de maneira mais significativa o trabalhador na sua situação de trabalho.

Os oito critérios que afetam de forma mais significativa o trabalhador na sua situação de trabalho de acordo com o modelo de Walton são: condições de segurança e saúde no trabalho, compensação justa e adequada, oportunidade de uso imediato e desenvolvimento de capacidades, chances de crescimento contínuo e segurança de emprego, integração social na empresa, constitucionalismo, trabalho e espaço total de vida e relevância social da vida no trabalho.

3. Considerando o modelo desenvolvido por Emery e Trist, cite e explique quais são as propriedades que o trabalho deve ter para estimular o comprometimento de quem o realiza.

- Aprendizagem contínua: deve oferecer uma perspectiva de aprendizagem regular.

- Contribuição social que faz sentido: deve conter o prazer de contribuir para a sociedade.

- Futuro desejável: deve permitir vislumbrar um futuro desejável e atividades de aperfeiçoamento e orientação.

- Margem de manobra e autonomia: deve estimular a capacidade de decisão.

- Reconhecimento e apoio: deve ser reconhecido e apoiado pelos outros na organização.

- Variedade e desafio: deve conter sempre desafios e variedade de tarefas.

Teste Seu Conhecimento – Respostas

4. De acordo com o modelo de Hackman e Oldham, alguns resultados como motivação interna, satisfação no trabalho, qualidade no desempenho e baixo absenteísmo e rotatividade são obtidos quando alguns estados psicológicos estão presentes em um determinado trabalho. Cite e explique esses estados psicológicos.

- Conhecimento dos resultados do trabalho: em que medida a pessoa entende, de forma regular e constante, o real resultado, o impacto de seu trabalho.

- Responsabilidade percebida: até que ponto o indivíduo se sente pessoalmente responsável pelos resultados do trabalho que executa.

- Sentido encontrado na função exercida: grau em que a pessoa percebe o trabalho como importante, valioso e significativo.

5. Segundo o Modelo de Westley, por meio de quais indicadores a QVT pode ser estudada? O que esses indicadores apontam em termos de problemas e como podem ser resolvidos?

Para Westley, a QVT pode ser estudada por meio de quatro indicadores que geram alguns problemas.

Indicador	Problema
Econômico	Injustiça
Político	Insegurança
Psicológico	Alienação
Sociológico	Anomia

Para tentar resolver esses problemas e melhorar a QVT, Westley propõe a participação dos trabalhadores nas decisões e na divisão dos lucros, a adoção de um trabalho autossupervisionado, o enriquecimento de tarefas e a aplicação dos princípios sociotécnicos.

6. Considerando todos os modelos de QVT apresentados, com qual deles você se identifica mais? Por quê?

Resposta livre. Em sua resposta, lembre-se de explicar os fatores dos modelos que escolheu como forma de justificar sua resposta.

Capítulo 7

1. Qual a relação entre clima organizacional, qualidade de vida no trabalho, motivação e atração e retenção de talentos?
Resposta livre. Em sua resposta, lembre-se de mencionar, entre outros itens: o que é motivação, clima organizacional e QVT e seu impacto em itens como rotatividade e absenteísmo.

2. O que é contrato psicológico?
O contrato psicológico representa o conjunto de crenças relativas às obrigações mútuas mantidas pelas partes na relação de trabalho e considera as expectativas dos dois lados envolvidos na relação: empresa e empregado. Possui como base a promessa, a retribuição e a aceitação voluntária.

3. Qual a importância do contrato psicológico na atração e retenção de talentos?
Resposta livre. Em sua resposta, lembre-se de mencionar, entre outros itens: o que é o contrato psicológico, o que é o contrato forma, quais itens que compõem esses tipos de contrato e quando o contrato psicológico começa a ser firmado.

4. O que é e para que serve o *benchmarking*?
Benchmarking é a atividade de comparar os resultados de uma empresa com aqueles alcançados por outras organizações para avaliar o desempenho alcançado e identificar diferenciais favoráveis, que deverão ser mantidos, ou desfavoráveis, que deverão ser tratados.

Bibliografia

BERGAMINI, C. W. **Motivação nas organizações**. São Paulo: Atlas, 1998.

BOWDITCH, J. L; BUONO, A. F. **Elementos de comportamento organizacional**. São Paulo: Pioneira, 1992.

BRAUNSTEIN, M.; TOMEI, P. **Cultura organizacional e privatização:** a dimensão humana. São Paulo: Makron Books, 1993.

CODA, R. **Psicodinâmica da vida organizacional:** motivação e liderança, São Paulo: Atlas, 1997.

CODA, R. et al. **Psicodinâmica da vida organizacional:** motivação e liderança. São Paulo: Pioneira, 1990.

DAVIS, K.; NEWSTRON, J. W. **Comportamento humano no trabalho:** uma abordagem psicológica. São Paulo: Pioneira, 1998.

DUBRIN, A. J. **Fundamentos do comportamento organizacional**. São Paulo: Pioneira Thomson Learning, 2006.

EMERY, F. **Report on the Hunsfoss project**. Tavistock Document Series. London: Tavistock, 1964.

_____. **Future we are in**. Leiden: Martinus Nijhoff, 1976.

EVANS, P. **Motivação**. Rio de Janeiro: Zahar, 1976.

FERNANDES, E. **Qualidade de vida no trabalho:** como medir para melhorar. Salvador: Casa da Qualidade, 1996.

GIBSON, J. L.; IVANCEVICH, J. M.; DONNELLY, J. H. **Organizações:** comportamento, estrutura, processos. São Paulo: Atlas, 1981.

GIL, A. C. **Gestão de pessoas:** enfoque nos papéis profissionais. São Paulo: Atlas, 2001

HACKMAN, J. R.; OLDHAM, G. R. Development of the job diagnostic survey. **Journal of Applied Psychology**, v. 60, n. 2, p. 159-170, 1975.

HELLER, Robert. **Como motivar pessoas**. São Paulo: Publifolha, 1999.

HERZBERG, F.; MAUSNER, B. e SNYDERMANN, B. One more time: how do you motivate employes? **Harvard Business Review,** v. 46, n.1,p.53-62, 1968.

HUNT, J. G; OSBORN, R.; SCHERMERHORN, J. R. **Fundamentos de comportamento organizacional**. 2. ed. Porto Alegre: Bookman, 1999.

HUSE, E. F. & CUMMINGS, T. F. **Organization development and change**. St. Paul, MN: West-Publishing Co., 1985.

KOLB, D. A. et al. **Psicologia organizacional:** uma abordagem vivencial. São Paulo: Atlas, 1986.

KOZLOWSKI, S. W. J.; HULTS, B. M. An exploration of climates for technical updating and performance. **Personnel Psychology**. n. 40, p. 539-563,1987.

LACAZ, F. **Qualidade de vida no trabalho e saúde/doença**. Scielo Brasil. Centro de Estudos em Saúde Coletiva (Cesco), Universidade Federal de São Paulo. São Paulo, 2000. Disponível em: <http://www.scielo.br/scielo.php?script=sci_arttext&pid=S1413-81232000000100013>. Acesso em: 25 jan. 2012.

LEE, J. B..; ERICKSEN, L. R. The effects of a policy change on three types of absence. **J. Nurs. ADM**. Billerica,1990.

LIMA, W. D.; STANO, R. C. T. M. **Pesquisa de clima organizacional como ferramenta estratégica de gestão da qualidade de vida no trabalho**. XI SIMPEP – Bauru, SP, Brasil, 08 a 10 de novembro de 2004.

LIMONGI-FRANÇA, A. C. **Qualidade de vida no trabalho – QVT:** conceitos e práticas na sociedade pós-industrial. São Paulo: Atlas, 2002.

_____. Qualidade de vida no trabalho: conceitos, abordagens, inovações e desafios nas empresas brasileiras. **Revista Brasileira de Medicina Psicossomática,** Rio de Janeiro, v. 1, n. 2, p. 79-83, abr/maio/jun, 1997.

_____. **Treinamento e Qualidade de Vida.** Série Working Papers, São Paulo, 2001.

_____. **Indicadores empresariais de qualidade de vida no trabalho:** esforço empresarial e satisfação dos empregados no ambiente de manufaturas com certificação ISO9000. Tese de doutorado. São Paulo: FEA/USP, 1996.

LIMONGI-FRANÇA, A. C.; ARELLANO, E. B. Qualidade de vida no trabalho. In: Maria Tereza Leme Fleury (Org.). **As pessoas na organização.** 1. ed. São Paulo: Gente, v. 1, p. 9-306, 2002.

LIMONGI-FRANÇA, A. C.; ASSIS, M. P. Projetos de qualidade de vida no trabalho: caminhos percorridos e desafios. **RAE Light,** São Paulo, v. 2, n. 2, p. 26-33, 1995.

LUZ, R. S. **Clima organizacional.** Rio de Janeiro: Qualitymark, 1995.

_____. **Gestão de clima organizacional.** Rio de Janeiro: Qualitymark, 2003.

_____. **Gestão do clima organizacional:** Proposta de critérios para metodologia de diagnóstico, mensuração e melhoria. Estudo de caso em organizações nacionais e multinacionais localizadas na cidade do Rio de Janeiro, 2003. Dissertação de Mestrado em Sistemas de Gestão. Universidade Federal Fluminense, Niterói, 2003.

MARRAS, J. P. **Administração de recursos humanos:** do operacional ao estratégico. São Paulo: Futura, 2000.

MASLOW, A. H. **Motivation and personality.** New York: Harper & Row, 1954.

MAXIMIANO, A. C. A. **Teoria geral da administração:** da revolução urbana à revolução digital. São Paulo: Atlas, 2007.

MEZOMO, J. C. **Missão, visão, valores e princípios:** fundamentos da qualidade de vida das organizações. Universidade – a busca da qualidade. São Paulo, v. 1, n. 3, maio/junho 1994.

MORIN, E. M. Os sentidos do trabalho. **Revista de Administração de Empresas,** São Paulo: v. 41, n. 3, p.8-19, jul./set. 2001.

MURRELL, H. **Motivação no trabalho.** Rio de Janeiro: Zahar, 1977.

NISHIMURA A. Z. de F. **Produção bibliográfica da qualidade de vida no trabalho.** Tese de mestrado: São Paulo: Universidade Metodista de Piracicaba, 2008.

OLIVEIRA, M. A. G. **Pesquisas de clima interno nas empresas:** o caso dos desconfiômetros avariados. São Paulo: Nobel, 1995.

ORLICKAS, E. **Consultoria interna de recursos humanos.** São Paulo: Makron Books, 1999.

RIZZATTI, G. **Análise de fatores significativos do clima organizacional da UFSC:** contribuição para implantação do programa de qualidade. Dissertação (Mestrado em Administração) – Programa de Pós-Graduação em Administração, Universidade Federal de Santa Catarina, Florianópolis, 1995.

_____. **Categorias de análise de clima organizacional em universidades federais.** Tese (Doutorado em Engenharia de Produção) Programa de Pós-Graduação em Engenharia de Produção e Sistemas. Universidade Federal de Santa Catarina, Florianópolis, 2002.

ROBBINS, S. **Comportamento organizacional.** Rio de Janeiro: LTC, 1999.

SANTOS, N. M. B. **Clima organizacional:** um estudo em instituições de pesquisas. Dissertação de Mestrado em Administração. São Paulo: Faculdade de Economia e Administração. Universidade de São Paulo, São Paulo, 1983.

SCHEIN, E. **Organizational culture and leadership.** San Francisco: Jessey-Bass, 1985.

STONER, J. A. F.; FREEMAN, R. E.; GILBERT, D. R. **Management.** New Jersey: Prentice Hall International, 1995.

TRIST, E. Adapting to a changing world. **Labour Gazette,** v. 78, p. 14-20, 1978.

VERGARA, S. C. **Gestão de pessoas.** São Paulo: Atlas, 2000.

WALTON, R. E. Quality of working life: what is it? **Sloan Management Review.** v. 15, n.1, p. 11-21, 1973.

WATERS L.K. et al. Organizational climate dimensions and job-related attitudes. **Personnel Psychology.** v. 27, p. 465-476, set. 1974.

WESTLEY, W. A. Problems and solutions in the quality of working life. **Human Relations,** v. 32, n. 2, p. 113-123, 1979.

WERTHER, W. B.; DAVIS, K. **Administração de pessoal e recursos humanos.** São Paulo: McGraw-Hill, 1983.

Índice

A

Absenteísmo, 56
Administração científica de Taylor, 110
Artefatos visíveis, 54
Atração de talentos, 5
Avaliação
 coleta de dados, 93, 94
 de desempenho, 57

B

Benchmarking, 153
Bullying corporativo, 6

C

Capital intelectual, 4, 5
Chave para atrair e reter talentos, 151-159
Ciclo motivacional, 15
Clima organizacional, 5, 45-68
 indicadores, 56
  absenteísmo, 57
  avaliação de desempenho, 57
  conflitos interpessoais, 57
  depredação do patrimônio da
   empresa, 57
  desperdícios de material, 57
  programas de sugestões, 57
  queixas no serviço médico, 57
  rotatividade de pessoal (turnover), 57
 modelo de mensuração, 48
 pesquisa de, 69-106
Comissão Interna de Prevenção de Acidentes
 (CIPA), 128
Conflitos interpessoais, 57
Corrida + Vida 3M Boldrini, 126
Cultura organizacional, 51-56
 artefatos, 53
 pressuposições básicas, 53
 valores compartilhados, 53

D

Departamento de pessoal, 3
Depredação do patrimônio da empresa, 56
Desperdícios de material, 57
Divulgação
 de resultados da pesquisa, 98, 99
 comunicação sobre a pesquisa, 90-92

E

Edgar Schein, 52
E-mail, 90
Employment Value Proposition (EVP), 4
Entrevista de desligamento, 61
Escola
 Comportamental, 112
 das Relações Humanas, 111
Estímulo(s), 13, 14
 estressores-respostas, 120
Estresse, 117
 exaustão, 118

fase de resistência, 118
ocupacional
 condições do ambiente, 120
 desenho de tarefas, 120
 estilo de gerenciamento, 120
 papéis no trabalho, 120
 preocupações com a carreira, 120
 relações interpessoais, 120
reação de alarme, 118
respostas
 comportamentais, 121
 fisiológicas, 121
 psicológicas, 121
Estressores
 estímulos, 119
 respostas
  aos eventos, 119
  a estímulos, 120
Expectância, 29

F

Fator(es)
 extrínsecos, 25
 higiênicos, 25
 insatisfacientes, 25
 intrínsecos, 25
 motivacionais, 24, 25
 satisfacientes, 24
Feedback, 19

G

Gestão
 da qualidade de vida no trabalho, 124
  enfoque
   estratégico, 124
   gerencial, 124
   operacional, 124
 de pessoas (GP), 3
Google, 110
 docs, 83
Great Place to Work, 5

H

Hierarquia das necessidades de Maslow, 17

I

Índice de absenteísmo, 39
Instrumentalidade, 29
Intranet, 90

L

Lei de assédio moral, 5

M

Modelo(s)
 de Emery e Trist, 137
 de Hackman e Oldham, 141
 de mensuração de clima de Litwin e Stinger, 48

de qualidade de vida no trabalho, 135-150
de Walton, 139
  compensação justa e adequada, 139
  condições de segurança, 139
  constitucionalismo, 139
  integração social, 139
  oportunidade de uso imediato, 139
  relevância social da vida no trabalho, 140
  trabalho e espaço total de vida, 139
de Werther e Davis, 145
de Westley, 144
Motivação, 5, 11-30
  administrando a, 36
  conceito, 13
  e estímulo, 13, 14

N
Necessidade(s)
  de afiliação, 23
  de Maslow, 18
    aplicadas ao trabalho, 20
  de poder, 23
  de realização, 23
Nível de absenteísmo, 62

O
Organização Internacional do Trabalho (OIT), 123
  check list para a prevenção do estresse, 123

P
Parametrização para tabulação das opções de respostas, 89, 90
Pesquisa de clima organizacional, 69-106
  abrangência, 78
  condutor e vantagens, 75
  confidencialidade, 78
  definição dos planos de ação, 99-105
  entrevista, 76, 77
  etapas
    avaliação da pesquisa (coleta de dados), 93, 94
    definição das variáveis, 80
    divulgação
      de resultados, 98, 99
      comunicação sobre a pesquisa, 90-92
    montagem e validação dos questionários, 82-89
    obtenção da aprovação e apoio da direção, 74
    parametrização para tabulação das opções de respostas, 89, 90
    planejamento da pesquisa, 74, 75
    tabulação e emissão de relatórios, 94
  itens relevantes no planejamento, 81
  painel de debates, 76, 77
  periodicidade de aplicação da, 78
  preparação dos gestores para a, 78
  questionário, 76, 77
  software para realização da, 76

Planejamento da pesquisa, 74, 75
Plano(s) de ação, 99-105
  exemplo de ferramenta para detalhamento do, 100
Programa(s)
  de Controle Médico de Saúde Ocupacional (PCMSO), 127
  de gestão da QVT, 125
    potencial humano, 125
    saúde e segurança, 125
    sistemas de qualidade, 125
  de Prevenção de Riscos Ambientais (PPRA), 127
  de qualidade de vida no trabalho, 123-133
  de sugestões, 56

Q
Qualidade de Vida no Trabalho (QVT), 107-133
  contribuições das ciências
    administração, 114
    ecologia, 114
    economia, 114
    engenharia, 114
    ergonomia, 114
    psicologia, 114
    saúde, 114
    sociologia, 114
  lei de assédio moral, 5
  modelos da, 135-150
  programas de, 123-133
Qualtrics, 83
Queixas no serviço médico, 57
Questionário(s)
  montagem e validação dos, 82-89
  parametrização para tabulação das opções de respostas, 89

R
Recursos humanos (RH), papel, 3
Retenção de talentos, 5
Road shows, 90
Rotatividade de pessoal (*turnover*), 25, 56
  qualificar, 60
  quantificar, 60

S
Satisfação, 15
Serviço Especializado em Engenharia de Segurança e Medicina do Trabalho (SESMT), 128
Síndrome de Adaptação Geral (GAS), 117
Staff, função de, 3
Survey Monkey, 83

T
Tabulação e emissão de relatórios, 94
Talentos, chave para atrair e reter, 151-159
Teoria(s)
  da equidade, 31-33

das expectativas, 29
das necessidades de McClelland, 22
de conteúdo da motivação, 17
    críticas, 27, 28
de processo da motivação, 28-36
    críticas, 35
do estabelecimento de objetivos, 33-35
dos dois fatores de motivação de
    Herzberg, 24
ERC (Existência, Relacionamento,
    Crescimento) de Clayton Alderfer, 21
hierarquia das necessidades, 21
Trabalho, 112
    aspectos
        extrínsecos, 138
        intrínsecos, 138
    dimensões básicas, 141
    propriedades do, 138

V

Valência, 29
Variável(is)
    comunicação, 50
    definição, 80
    integração entre departamentos, 49
    liderança, 50
    participação, 50
    percepção de estabilidade, 49
    progresso profissional, 50
    relacionamento interpessoal, 49
    salário e benefício, 49
    tipo de trabalho realizado, 49
    treinamento, 50

W

5W-2H, detalhamento do, 79

Impressão e Acabamento: